Margret Johannsen

Der Nahost-Konflikt

Eine Einführung

4., aktualisierte Auflage

W0040570

Dr. Margret Johannsen
Institut für Friedensforschung und
Sicherheitspolitik an der Universität
Hamburg, Deutschland

Elemente der Politik
ISBN 978-3-658-16087-6   ISBN 978-3-658-16088-3   (eBook)
DOI 10.1007/978-3-658-16088-3

Die Deutsche Nationalbibliothek verzeichnet diese Publikation in der Deutschen
Nationalbibliografie; detaillierte bibliografische Daten sind im Internet über
http://dnb.d-nb.de abrufbar.

Springer VS
© Springer Fachmedien Wiesbaden GmbH 2006, 2009, 2011, 2017

Lektorat: Jan Treibel

Gedruckt auf säurefreiem und chlorfrei gebleichtem Papier

Springer VS ist Teil von Springer Nature
Die eingetragene Gesellschaft ist Springer Fachmedien Wiesbaden GmbH
Die Anschrift der Gesellschaft ist: Abraham-Lincoln-Str. 46, 65189 Wiesbaden, Germany

Inhalt

1

Einleitung

Der Nahost-Konflikt gilt als der älteste ungelöste Regionalkonflikt von internationaler Bedeutung. Seine Ursprünge reichen bis ins späte 19. Jahrhundert zurück. Doch streng genommen gibt es *den* „Nahost-Konflikt" nicht. Was unter diesem Begriff firmiert, sind zwischen lokal, regional und global handelnden Akteuren vielfach verknüpfte Beziehungen, als deren Kern jahrzehntelang die Konkurrenz um Palästina, das Land zwischen dem Fluss Jordan und dem Mittelmeer, galt.

Mit der Wahrnehmung des Palästina-Konflikts als Kern des Nahostkonflikts verband sich die Vorstellung, dass die Frage von Krieg und Frieden im Nahen Osten unlösbar verbunden sei mit der Beilegung dieses Jahrhundertkonflikts. Gleichwohl ist der *lokale* Palästina-Konflikt seit 2011 aus dem Zentrum an den Rand der *regionalen* Konfliktrealität des Nahen Ostens gerückt – das gilt sowohl für sein Mobilisierungspotenzial in der arabischen Welt (Perthes 2016: 88) als auch für die Aufmerksamkeit, die Diplomatie und Medien ihm zollen.

Wie sich die vor hundert Jahren etablierte Ordnung zwischen der Ostküste des Mittelmeers und dem Persischen Golf gestalten wird, ist nicht vorhersehbar und wesentlich von der Entwicklung des Bürgerkriegs in Syriens abhängig, „der Ort, an dem die entscheidenden Konflikte der Region konvergieren" (Perthes 2016: 12). Aber ob diese Ordnung zerbricht oder eine neue Gestalt annimmt: Wenn im Schatten dieser Prozesse die Suche nach friedlicher Koexistenz zwischen Israelis und Palästinensern erfolglos bleibt, wird die Symbolkraft ihres Konflikts ein Energiespender für andere Konflikte im Vorderen Orient bzw. für transnationale Risiken und Bedrohungen bis hin zum *homegrown terrorism* bleiben.

Um den hochkomplexen Gegenstand übersichtlich zu präsentieren, gliedert sich die Darstellung in einen *historischen* und einen *systematischen* Teil. Der *historische* Teil behandelt Entstehung und Entwicklung des Nahost-Konflikts vom späten 19. Jahrhundert bis in die Gegenwart. Es schließt sich eine Darstellung des Friedensprozesses in den 1990er Jahren an, in dem die Konfliktparteien in direkten Verhandlungen eine Lösung suchten, und des Rückfalls in kriegerischen Konfliktaustrag, der seit Herbst 2000 das Konfliktgeschehen bestimmt. Das Schwergewicht liegt dabei auf dem *lokalen* Konflikt zwischen Israel und den Palästinensern, der als Kern der Auseinandersetzungen zwischen Israel und seinen arabischen Nachbarn das *regionale* Umfeld in hohem Maße mitgestaltet. Die Systematik dieser beiden Kapitel orientiert sich überwiegend an dem zeitlichen Ablauf des Nahost-Konflikts. Eine Chronologie des Nahost-Konflikts und seiner Vorgeschichte, die der Verlag online anbietet,[1] unterstützt die Orientierung in der zeitlichen Dimension.

Es folgt eine *systematische* Analyse des Konflikts in zwei Schritten. Zunächst werden die Streitfragen in den Blick genommen, ohne deren Regelung eine Beilegung des Konflikts kaum möglich erscheint. Sodann werden die Akteure behandelt, deren Handlungen die Konfliktdynamik bestimmen. Dabei geht es nicht allein um das Handeln von Regierungen, sondern auch um das von oppositionellen Kräften, Parteien, bewaffneten Einheiten, einflussreichen Interessengruppen und dergleichen. Über die unmittelbaren Konfliktparteien hinaus werden Akteure behandelt, die als Nachbarn oder als außerregionale Staaten bzw. internationale Organisationen direkt oder indirekt in den Konflikt eingreifen. Die Darstellung schließt mit einem Ausblick, der auf verschiedene alternative Entwicklungsmöglichkeiten im Nahost-Konflikt eingeht.

Die vorliegende Auflage ist gegenüber der vorigen von 2011 in mehrfacher Hinsicht verändert: Zum einen ist das Zahlenmaterial umfänglich aktualisiert worden: bei den wirtschaftlichen Daten und bei der Opferstatistik, vor allem in dem neuen Abschnitt über die Gaza-Kriege, beim israelischen Wählerverhalten und bei den Meinungsumfragen zu den verschiedenen alternativen

---

1 http://www.springer.com/de/book/9783658160876

Entwicklungsmöglichkeiten im Nahost-Konflikt. Zum anderen wurden Veränderungen des regionalen Umfelds infolge des Arabischen Frühlings und der nachfolgenden bewaffneten Auseinandersetzungen aufgenommen, soweit sie direkte oder indirekte Auswirkungen auf den lokalen Konflikt zwischen Israel und den Palästinensern haben. Schließlich trägt auch das Kartenmaterial den Veränderungen *on the ground* Rechnung.

2

Entstehung und Entwicklung des Konflikts

2.1   Konfliktregion Naher Osten

Der Nahe Osten ist eine Teilregion des Vorderen Orients. Eine verbindliche wissenschaftliche Übereinkunft darüber, welche Staaten zum Nahen Osten zu rechnen sind, gibt es nicht. Für die Zwecke dieses Überblicks wird eine enge Definition des Nahen Ostens, der Mashrek (arabisch für Osten), zugrunde gelegt. Zu ihm gehören Israel und die von ihm besetzten Palästinensischen Gebiete sowie seine arabischen Nachbarstaaten Ägypten, Jordanien, Libanon und Syrien.

Der Nahe Osten war nach dem Zweiten Weltkrieg Schauplatz sechs großer zwischenstaatlicher Kriege und einer Vielzahl bewaffneter Konflikte, die meisten mehr oder weniger eng mit dem Palästina-Konflikt verknüpft.

Hierbei geht es im Kern um folgendes Problem: Zwei Völker, Palästinenser und Juden, beanspruchen ein und denselben geographischen Raum als Territorium für ihre souveräne Herrschaft, wobei die Juden seit 1948 mit dem Staat Israel einen Nationalstaat auf einem Teil des Territoriums ihr Eigen nennen können, während die Palästinenser ihre nationalstaatlichen Ambitionen noch nicht vollends realisieren konnten. Als weitere Ausdrücke für den Nahost-Konflikt findet man „israelisch-arabischer Konflikt" und, wenn es um dessen Kern geht, „Palästina-Konflikt" oder „israelisch-palästinensischer Konflikt".

2.2   Die Ursprünge des Konflikts zwischen Arabern und Juden um Palästina

Der Beginn des Nahost-Konflikts lässt sich auf das letzte Viertel des 19. Jahrhunderts datieren. Die erste Gewalttat könnte ein palästinensischer Hirte begangen haben, als er einen Stein gegen einen eingewanderten jüdischen Siedler warf, oder ein jüdischer Siedler, als er einen palästinensischen Hirten verprügelte, der seine Ziegen auf das Feld des Siedlers führte. Doch die Vorgeschichte des Nahost-Konflikts und damit das Arsenal, dessen sich beide Seiten zur Legitimation ihrer Ansprüche auf das umstrittene Land bedienen, ist viel älter.

2.2.1 Palästina: Einwandererland unter wechselnder Herrschaft

Seit dem Altertum war der Nahe Osten Ziel von Völkerwanderungen und Durchzugsland für die Heerzüge der Antike. Er erlebte eine wechselvolle Herrschaftsgeschichte.

⇨ Bereits seit der frühen Bronzezeit siedelten verschiedene Stämme aus dem Zweistromland auf dem Felsplateau des judäischen Hochlandes. Im dritten Jahrtausend v. Chr. wanderten die Kanaanäer ein und gaben dem Land seinen Namen Kanaan, der Bibelkundigen geläufig ist. Den Kanaanäern folgten im frühen zweiten Jahrtausend v. Chr. israelitische Nomaden, in der Bibel auch Hebräer genannt (Noth 1976[8]: 39 f.). Um 1200 v. Chr. drangen aus der Ägäis die seefahrenden Philister, von deren Namen das Wort Palästina abgeleitet ist, in das Land ein. Kanaanäer, Hebräer und Philister konkurrierten um Besitz bzw. Kontrolle des Landes.

⇨ Unter den Königen Saul und David schlossen sich die israelitischen Stämme gegen die Kanaanäer und Philister zusammen. 997 v. Chr. eroberte König David das ursprünglich kanaanitische Jerusalem. Er machte die Stadt zum politischen und religiösen Mittelpunkt seines Reiches. Unter der Herrschaft Davids und der seines Sohnes Salomo begannen sich die Kulturen der Kanaanäer, Philister und Israeliten zu vermischen. Durch Nomaden, die von der Arabischen Halbinsel einwanderten, flossen auch zahlreiche arabische Elemente in die Kultur des Vielvölkerstaates ein. Nach König Salomos Tod 926 v. Chr. zerfiel das israelitische Reich. In Jerusalem und seinem Umland etablierte sich das Reich Judäa mit Jerusalem als Hauptstadt, das sich unter persischen und hellenistischen Königen innere Autonomie bewahren konnte. Seine Verwaltung wurde von einem aus Laien und Priestern zusammengesetzten Ältestenrat mit dem Hohenpriester als höchster Autorität ausgeübt. Das jüdische Siedlungsgebiet wurde kontinuierlich nach Norden erweitert und die jüdische Religion durch Missionare im gesamten Vorderen Orient und an der Mittelmeerküste verbreitet.

⇨ Politisch-religiöse Rivalitäten um das Amt des Hohenpriesters führten zum Eingreifen der Römer. 63 v. Chr. wurde Palästina von den Römern besetzt und nachfolgend in das Römische Reich eingegliedert. Jüdische Aufstände führten 70 n. Chr. zur Zerstörung des Tempels in Jerusalem durch die Römer und 135 zur Vertreibung bzw. Versklavung der jüdischen Oberschicht. Ihrer geistigen und politischen Eliten beraubt, konvertierte eine Minderheit der Judäer zum Christentum.

⇨ Im Verlauf der arabischen Eroberungszüge nach Westen wurde Palästina seit 634 von Arabern moslemischen Glaubens besiedelt. Die überwiegende Mehrheit der Judäer wurde islamisiert. Während des Hochmittelalters war Palästina Ziel christlicher Kreuzzüge und wurde vorübergehend von christlichen Kreuzfahrern erobert.

⇨ 1187 eroberte der Feldherr Saladin Jerusalem für den Islam zurück. Die in christliche Einrichtungen verwandelten Heiligen Stätten wurden wieder moslemisch.

⇨ 1517 wurde Palästina dem Osmanischen Reich einverleibt. Als sich der Vielvölkerstaat in der zweiten Hälfte des 19. Jahrhunderts unter dem Druck von Nationalbewegungen aufzulösen begann, entwickelte sich ein Konkurrenzkampf zwischen europäischen Mächten um Einfluss im Nahen Osten.

Bereits dieser kurze Blick in die Geschichte zeigt, dass Palästina stets ein konfliktreicher Landstrich an dieser Nahtstelle von Orient und Okzident war und sich für jüdische und muslimische bzw. für israelische und arabisch/palästinensische Rückgriffe auf die Geschichte als Legitimationsquelle von Politik vielerlei Anknüpfungspunkte bieten. Der moderne Konflikt um Palästina aber ist in seinen Wurzeln das Erbe europäischer Politik.

2.2.2 Der europäische Antisemitismus, der Zionismus und die jüdische Besiedlung Palästinas

Die Quellen der modernen jüdischen Besiedlung Palästinas liegen im Nationalismus und aufkeimenden Antisemitismus des 19. Jahrhunderts. Seit den sechziger Jahren verbreitete sich unter jüdischen Intellektuellen die Vorstellung, „die Juden bildeten eine eigene Nation mit dem Recht auf einen eigenen Nationalstaat" (Krämer 1991: 42). Sie war auch eine Antwort auf den wahrgenommenen Verlust jüdischer Identität im Zuge der As-

similation jüdischer Europäer (Amar-Dahl 2012: 12).
Infolge des anwachsenden Antisemitismus fand die zionistische Bewegung, wie sich die jüdische Nationalbewegung seit den achtziger Jahren nannte, zunehmend Anhänger.

Der Antisemitismus kann auf eine lange Geschichte des Judenhasses zurückblicken. Im Judenhass mischen sich religiöse und wirtschaftliche Motive. Im christlichen Europa galten die Juden im Mittelalter als „Gottesmörder". Die feudale Ständegesellschaft verwehrte ihnen den Zugang zur Landwirtschaft und zum Handwerk. Die Juden wurden erst auf den Handel und dann zunehmend auf das Zinsgeschäft abgedrängt und zogen sich als „jüdische Wucherer" die Feindschaft aller Schichten der Bevölkerung zu. Im 12. Jahrhundert begann mit den Kreuzzügen eine Welle von Judenverfolgungen, in deren Folge die Juden nach und nach aus West- und Mitteleuropa vertrieben wurden. Sie suchten Zuflucht in den wirtschaftlich rückständigen Ländern Osteuropas. Im Zeitalter der Industrialisierung gewann der Antisemitismus weiter an Boden. Die Leidtragenden des Industrialisierungsprozesses, vor allem die kleinen Selbständigen in Handel, Gewerbe und Landwirtschaft, fanden für ihren sozialen Abstieg in den jüdischen Kaufleuten und Geldverleihern einen Sündenbock.

In der durch Wachstumskrisen gekennzeichneten ersten Phase der Hochindustrialisierung im Deutschen Reich des ausgehenden 19. Jahrhunderts begann sich der moderne Antisemitismus politisch zu organisieren und wurde überdies Teil einer Rassenideologie. Theodor Herzl, der Gründer der zionistischen Bewegung, gelangte bereits in den achtziger Jahren des 19. Jahrhunderts zu der Überzeugung, dass der Judenhass Vernunftgründen nicht zugänglich sei. Er zog daraus die Konsequenz, dass die Juden ihre Existenz langfristig nur durch die Errichtung eines eigenen Gemeinwesens würden sichern können.

Auszug aus Theodor Herzls Buch „Der Judenstaat" (1896):

„Die Judenfrage besteht. Es wäre töricht, sie zu leugnen. Sie ist ein verschlepptes Stück Mittelalter, mit dem die Kulturvölker auch heute beim besten Willen noch nicht fertig werden konnten…

Ich halte die Judenfrage weder für eine soziale, noch für eine religiöse, wenn sie sich auch noch so und anders färbt. Sie ist eine nationale Frage, und um sie zu lösen, müssen wir sie vor allem zu einer politischen Weltfrage machen, die im Rate der Kulturvölker zu regeln sein wird…

Wir haben überall ehrlich versucht, in der uns umgebenden Volksgemeinschaft unterzugehen und nur den Glauben unserer Väter zu bewahren. Man lässt es nicht zu… In unseren Vaterländern, in denen wir ja auch schon seit Jahrhunderten wohnen, werden wir als Fremdlinge ausgeschrieen, oft von solchen, deren Geschlechter noch nicht im Lande waren, als unsere Väter da schon seufzten. Wer der Fremde im Lande ist, das kann die Mehrheit entscheiden; es ist eine Machtfrage, wie alles im Völkerverkehre…"

(Aus: Theodor Herzl, Der Judenstaat, 6. Aufl., Köln o. J., S. 9 f., 26 f., unter: http://www.menora.de/menorademo/frset.htm?http:// www.menora.de/menorademo/01/mrdok.htm)

Auf ihrem Baseler Gründungskongress 1897 legte sich die Zionistische Organisation auf Palästina als Ort der „öffentlich-rechtlichen gesicherten Heimstätte" für das jüdische Volk fest. Das zionistische Projekt strebte einen jüdischen Staat an, offen für das jüdische Volk, das aus der Diaspora in seine „Heimat" geholt und zur Nation geformt werden sollte. Bis heute ist dies die „raison d'etre" des Staates Israel. Die nationalsozialistische Politik der Judenvernichtung gab der jüdischen Einwanderung dann eine derartige Schubkraft, dass es schließlich zur Gründung des Staates Israel auf dem Territorium Palästinas kam.

Die moderne jüdische Einwanderung nach Palästina begann 1882 und vollzog sich in Wellen (hebräisch Alija, auch Aufstieg). Mit der zweiten Einwanderungswelle (1904 bis 1914) begann die systematische Besiedlung des Landes, orientiert auf die Errichtung eines jüdischen Staates. Die Immigranten gründeten landwirtschaftliche Kommunen (hebr. Kibbutz) oder Genossenschaften (hebr. Moschaw) und errichteten jüdische Städte (z. B. Tel Aviv) und begannen mit dem Aufbau politischer und zivilgesellschaftlicher Institutionen wie Polizei, Militär, Justiz, Schulen, Banken, Parteien, Gewerkschaften etc.

Während des Ersten Weltkriegs machte Großbritannien der Zionistischen Organisation Hoffnung auf eine nationale Heimstätte für die Juden in Palästina. Damit war die Erwartung verbunden, einen verlässlichen Bündnispartner zur Sicherung der Verbindungen nach Indien zu gewinnen sowie mit Hilfe der russischen Juden ein Ausscheren Russlands aus dem Krieg gegen Deutschland verhindern zu können (Fromkin 2001: 295 f.). Die Bal-

four-Erklärung von 1917, mit deren Umsetzung Großbritannien im Völkerbundsmandat für Palästina von
1920/1922 beauftragt wurde, enthielt bereits den Keim
für die kommenden jüdisch-arabischen Auseinandersetzungen, denn von wirtschaftlichen, sozialen oder gar politischen Rechten der Araber war in keinem der beiden
Dokumente die Rede.

*Brief des britischen Außenministers, Arthur James Balfour an
Lord Rothschild, Oberhaupt des britischen Familienzweiges und
Mitglied des Oberhauses (2. November 1917):*

„Mein lieber Lord Rothschild!

… Seiner Majestät Regierung betrachtet die Schaffung einer
nationalen Heimstätte in Palästina für das jüdische Volk mit
Wohlwollen und wird die größten Anstrengungen machen,
um die Erreichung dieses Zieles zu erleichtern, wobei klar
verstanden werde, dass nichts getan werden soll, was die bür-
gerlichen und religiösen Rechte bestehender nichtjüdischer
Gemeinschaften in Palästina oder die Rechte und die politische Stellung der Juden in irgendeinem anderen Lande beein-
trächtigen könnte…

gez.: Arthur James Balfour"

*(Zitiert nach: Bundeszentrale für politische Bildung, Balfour-
Erklärung, Ministerium des Äußeren, 2. November 1917, unter:
http://www.bpb.de/internationales/asien/israel/45184/quellen?p
=all)*

Das bewusst vage gehaltene Versprechen – zum Beispiel taucht das Wort „Staat" in der Erklärung nicht auf – gewann 1918 Substanz, als britische Truppen Palästina eroberten.

2.2.3 Die Entstehung der arabisch-palästinensischen Nationalbewegung

Der Zionismus stieß in Palästina zunächst auf eine nur schwach ausgebildete einheimische Nationalbewegung. Unter osmanischer Herrschaft lag die gesellschaftliche und wirtschaftliche Macht überwiegend in den Händen arabischer Familien-Clans und Großgrundbesitzer, die ihr Land an Kleinbauern verpachteten. Ein nationales Bewusstsein war in der arabischen Bevölkerung Palästinas kaum vorhanden. In den größeren Städten des Nahen Ostens, vor allem in Damaskus und Beirut, war hingegen seit Mitte des 19. Jahrhunderts eine national-arabische Bewegung entstanden. Sie richtete sich zunächst gegen die osmanische Fremdherrschaft und strebte einen vom Osmanischen Reich unabhängigen syrisch-arabischen Staat auf dem Territorium des Nahen Ostens an. Der erwachende arabische Nationalismus war zunächst nur unter einer Minderheit arabischer Intellektueller, Offiziere und großbürgerlicher Kräfte verbreitet und hatte mit den breiten Massen noch wenig Berührung.

England und Frankreich bedienten sich des erwachenden arabischen Nationalismus als Werkzeug zur Verfolgung ihrer kolonialen Interessen. Seit dem Eintritt der Türkei in den Ersten Weltkrieg an der Seite Deutsch-

lands und Österreich-Ungarns versuchte vor allem
Großbritannien, die osmanischen Stellungen im arabischen Raum zu schwächen, indem es die Araber durch
die Zusicherung nationaler Unabhängigkeit zum Krieg
gegen die türkische Herrschaft mobilisierte (Fromkin
2001: 177 f.).

*Brief des britischen Hochkommissars in Ägypten, Sir Henry
McMahon, an den Großscherifen Hussein von Mekka (24. Oktober 1915):*

„… Großbritannien (ist) bereit, die Unabhängigkeit der Araber … anzuerkennen und zu unterstützen.

Ich bin davon überzeugt, dass diese Erklärung Sie zweifel-
los von der Sympathie überzeugt, die Großbritannien ihren
arabischen Freunden entgegenbringt. Sie wird eine feste und
dauerhafte Allianz begründen, deren sofortiges Ergebnis die
Vertreibung der Türken aus arabischen Ländern und die Befreiung der arabischen Völker vom türkischen Joch sein wird,
das so lange auf ihnen lastete."

*(Zitiert nach: Bundeszentrale für politische Bildung, Der
McMahon-Brief an Scherif Hussein von Mekka (1915), unter:
http://tinyurl.com/o94lkge)*

Die Hoffnungen der Araber auf einen unabhängigen
arabischen Staat erfüllten sich jedoch nicht. Die Fremdherrschaft des türkischen Sultans wurde zwischen den
beiden Weltkriegen durch eine europäische Fremdherrschaft ersetzt. Palästina wurde britisches Mandatsgebiet
und blieb das Ziel jüdischer Einwanderung aus Europa.

In dieser neuen Lage setzten sich die palästinensischen Eliten, vor allem die privilegierten Familien von Jerusalem, an die Spitze des erwachenden arabischen Nationalismus. Dessen Motor bildete nach dem Untergang des Osmanischen Reiches nun allerdings der Widerstand gegen den britischen Kolonialismus und den anschwellenden Strom jüdischer Kolonisatoren – denn als solche wurden die Einwanderer betrachtet – nach Palästina.

2.2.4 Palästina während der Mandatszeit

1881, am Vorabend der jüdischen Einwanderung, lag die Einwohnerzahl Palästinas – ein Gebiet von 26 320 Quadratkilometern, kaum größer als das Bundesland Mecklenburg-Vorpommern – bei nicht einmal einer halben Million. Rund 442 000 waren Araber (400 000 Muslime, 42 000 zumeist griechisch-orthodoxe Christen), 13 000 bis 20 000 waren Juden. Zu diesen kamen mehrere tausend jüdische Einwohner, die keine Bürger des Osmanischen Reiches waren. 1914, am Ende der zweiten Alija, lebten 722 000 Menschen auf dem Territorium Palästinas, davon 602 000 Muslime, 81 000 Christen und 39 000 Juden osmanischer Nationalität, zu denen etwa 20 000 Juden ausländischer Staatsangehörigkeit hinzuzuzählen sind. Die genaue Zahl der zu Beginn des Ersten Weltkriegs in Palästina lebenden Juden ist umstritten (Krämer 2002: 165 f.). Unter der britischen Mandatsherrschaft veränderte sich das Zahlenverhältnis zwischen Juden und Arabern dramatisch; bis 1945 stieg der Anteil der Juden an der Bevölkerung von zehn auf 33 Prozent an.

Jüdische Einwanderung nach Palästina

Periode/ Jahr	Zahl der Einwanderer	Wichtigste Herkunftsländer
1882–1903	20 000–30 000 (1. Alijah)	Russland
1904–1914	35 000–40 000 (2. Alijah)	Russland, Polen
1919–1923	ca. 35 000 (3. Alijah)	Russland bzw. Sowjetunion, Polen
1924–1931	ca. 80 000 (4. Alijah)	Polen, Sowjetunion
1932–1938	ca. 200 000 (5. Alijah)	Polen, Deutschland
1939–1945	ca. 80 000	Polen, Deutschland, Rumänien Tschechoslowakei, Ungarn

(Johannes Glasneck/Angelika Timm, Israel. Die Geschichte des Staates seit seiner Gründung, Bonn 1994, 2. Auflage, S. 326)

Seit den 1920er Jahren kam es zwischen den Immigranten und der einheimischen Bevölkerung wiederholt zu gewaltsamen Auseinandersetzungen. Die dreijährige „Arabische Revolte" 1936–1939 gegen die britische Kolonialherrschaft und die zionistische Einwanderung, aber auch gegen die eigenen Feudalherren, wurde von der Mandatsmacht blutig niedergeschlagen (Segev 2001: 415–443). Im Einsatz von 25 000 Soldaten zur Unterdrückung der Rebellion zeigte sich die Abhängigkeit der jüdischen Kolonisierung von der britischen Kolonialmacht, die der palästinensischen Nationalbewegung eine entscheidende Niederlage zufügte, von der sie sich noch nicht erholt hatte, als die Teilung Palästinas auf die internationale Agenda kam (Khalidi 2001).

Die beiden nationalen Gemeinschaften in Palästina

schienen unversöhnlich. Diese Einschätzung kam u. a. in dem Bericht einer britischen Palästina-Kommission, dem *„Peel-Bericht"*, aus dem Jahre 1937 zum Ausdruck:

„Ein unüberwindlicher Konflikt hat sich zwischen zwei nationalen Gemeinschaften innerhalb der engen Grenzen eines kleinen Landes erhoben. Ungefähr eine Million Araber stehen in offenem oder latentem Kampf mit 400 000 Juden. Es gibt keine gemeinsame Grundlage zwischen ihnen…

Araber und Juden könnten möglicherweise lernen, zusammen in Palästina zu leben und zu arbeiten, wenn sie eine echte Anstrengung machen wollten, ihre nationalen Ideale miteinander zu versöhnen und zu verbinden und so mit der Zeit eine gemeinsame oder doppelte Staatsbürgerschaft aufzubauen. Aber hierzu sind sie nicht imstande. Der Krieg und seine Folgen haben alle Araber mit der Hoffnung erfüllt, in einer freien und geeinten arabischen Welt die Traditionen des arabischen goldenen Zeitalters wieder zu beleben. In gleicher Weise sind die Juden von ihrer historischen Vergangenheit erfüllt. Sie wollen zeigen, was die jüdische Nation leisten kann, wenn sie wieder in das Land der Väter zurückversetzt ist. Daher scheidet eine nationale Assimilierung zwischen Arabern und Juden aus…

Diese Verschärfung des Konflikts wird voranschreiten. Die trennende Macht der Umstände in Palästina wächst von Jahr zu Jahr."

(Aus dem Bericht über Palästina – erstattet durch die Britische Königliche Palästina-Kommission unter dem Vorsitz von Earl Peel, Berlin 1937, https://unispal.un.org/pdfs/Cmd5479.pdf, Übersetzung MJ)

Zugleich entstand eine jüdische Untergrundbewegung, die sich nicht nur an der Niederschlagung des arabischen Aufstands beteiligte, sondern ab 1939 auch die britische Mandatsmacht bekämpfte, als diese am Vorabend des Zweiten Weltkriegs die Einwanderung nach Palästina zu begrenzen suchte, um im Kampf gegen Deutschland und Italien die Araber auf ihre Seite zu ziehen. Der Mandatsmacht entglitt die Kontrolle über den Konflikt. Unter dem Druck der Ereignisse kündigte Großbritannien am 18. Februar 1947 an, es werde das Mandat für Palästina an die Vereinten Nationen, die Nachfolgeorganisation des Völkerbundes, zurückgeben.

2.2.5 Der Teilungsplan der UNO und die Gründung des Staates Israel

Zur Lösung des Palästina-Problems bildete die UNO den Sonderausschuss für Palästina (UNSCOP). Er empfahl mehrheitlich die Teilung Palästinas in einen arabischen und einen jüdischen Staat sowie die Internationalisierung Jerusalems – die Idee eines bi-nationalen Staates war nicht mehrheitsfähig. Die UN-Vollversammlung folgte dem Mehrheitsvorschlag zur Teilung des Landes am 29. November 1947 in ihrer Resolution 181 mit der notwendigen Zweidrittelmehrheit.

Nach der Verabschiedung der Teilungsresolution flohen etwa 300 000 Palästinenser aus den dem künftigen jüdischen Staat zugesprochenen Gebieten. Die Truppen des vorstaatlichen jüdischen Gemeinwesens, einschließlich einiger terroristischer Spezialeinheiten, und die

Der UN-Teilungsplan von 1947

	qkm	Anteil an der Gesamtfläche	jüdische Bewohner	arabische Bewohner
Arabischer Staat	11 600	42,88 %	9 520	740 010
Jüdischer Staat	15 100	56,47 %	499 020	509 780
Internationale Zone von Jerusalem	176	0,65 %	99 960	150 540

(Quelle: Walter Hollstein, Kein Frieden um Israel, Berlin 1984, S. 145.)

Furcht vor Massakern wie dem in Deir Yassin am 9. April 1948, bei dem etwa hundert unbewaffnete Dorfbewohner den Tod fanden, trieben sie in die Flucht (Pappé 2007).

Die arabischen Staaten lehnten den Teilungsplan mit der Begründung ab, die UNO habe nicht das Recht, über die Zukunft Palästinas gegen den Willen der dort lebenden arabischen Mehrheit zu entscheiden. Die Juden hingegen nahmen den Teilungsplan an, weil er ihnen einen eigenen Staat mit breiter internationaler Anerkennung in Aussicht stellte, der zudem erweiterungsfähig schien, und proklamierten am 14. Mai 1948, dem Tag des britischen Abzugs, den Staat Israel. Mit der israelischen Staatsproklamation endete die vorstaatliche Phase des Palästina-Konflikts. Als mehrere arabische Staaten am folgenden Tag militärisch intervenierten, begann die zweite, nunmehr zwischenstaatliche Phase des Palästina-Konflikts, der sich damit zum israelisch-arabischen Konflikt ausweitete.

2.3   Die großen israelisch-arabischen Kriege

Israel hat seine staatliche Existenz im Nahen Osten in sechs großen zwischenstaatlichen Kriegen behaupten können. Zugleich signalisierten die wiederholten Waffengänge sowie die gewaltsamen Auseinandersetzungen zwischen den Kriegen, dass eine Befriedung des Konflikts nur auf der Grundlage des territorialen Status quo zwischen Israel und den arabischen Staaten sowie eines territorialen Kompromisses zwischen Israel und den Palästinensern möglich sein würde.

2.3.1   Der erste Nahost-Krieg 1948/49

Der erste Nahost-Krieg begann am 15. Mai 1948 mit einem Angriff Ägyptens, Syriens, Libanons, Transjordaniens und des Irak auf den am Tag zuvor für unabhängig erklärten Staat Israel. Die angreifenden arabischen Staaten verfolgten das Ziel, den bedrängten Palästinensern zu Hilfe zu kommen und die Staatsgründung Israels rückgängig zu machen. Die Kampfhandlungen dauerten bis zum 7. Januar 1949. Der Krieg endete mit einem klaren Sieg Israels über die schlecht ausgerüsteten und unzureichend koordinierten arabischen Armeen. Es gelang Israel, das ihm im UNO-Teilungsplan zugesprochene Staatsgebiet von 15 100 Quadratkilometern auf 20 766 Quadratkilometer bzw. 78 Prozent des ehemaligen britischen Mandatsgebietes Palästina zu vergrößern.

In vier Waffenstillstandsabkommen mit den unmittelbaren Anrainerstaaten Ägypten, Libanon, Transjordanien und Syrien wurden auf der Basis der militärischen Ergebnisse die Grenzlinien („Green Line") des israelischen Staatsgebietes festgelegt, die de facto bis zum Vorabend des Sechstage-Krieges 1967 bestanden. Die Waffenstillstandsabkommen legten de jure keine dauerhaften Grenzen fest. Dies blieb künftigen Friedensverträgen überlassen.

Die arabische Niederlage wirkte als Katalysator für gesellschaftlich-politische Umbrüche in der Region: In Syrien putschten Offiziere 1949 gegen die Regierung der jungen Republik; das Land erlebte danach viele Jahre politischer Instabilität. Der jordanische König Abdallah I. wurde 1951 in der Jerusalemer Al-Aqsa-Moschee von einem nationalistischen Palästinenser ermordet. In Ägypten stürzten Offiziere 1952 den König und riefen 1953 die Republik aus. Nur im Irak hielt sich das von Großbritannien installierte Königtum zehn weitere Jahre, bis 1958 auch hier Offiziere putschten und der Irak zur Republik wurde.

Zu dem von der UNO vorgeschlagenen arabischen Teilstaat in Palästina kam es nicht. Der Gazastreifen fiel unter ägyptische Verwaltung. Das Westjordanland (auch englisch „West Bank" genannt) wurde von Transjordanien besetzt, das sich 1949 in Jordanien umbenannte und das Westjordanland 1950 annektierte. Jerusalem wurde geteilt. Der Westteil der Stadt wurde israelisch, der Ostteil einschließlich der Jerusalemer Altstadt mit bedeutenden jüdischen und islamischen sowie christlichen Heiligtümern jordanisch.

Im Zuge der bewaffneten Auseinandersetzungen vor

Karten 1 und 2

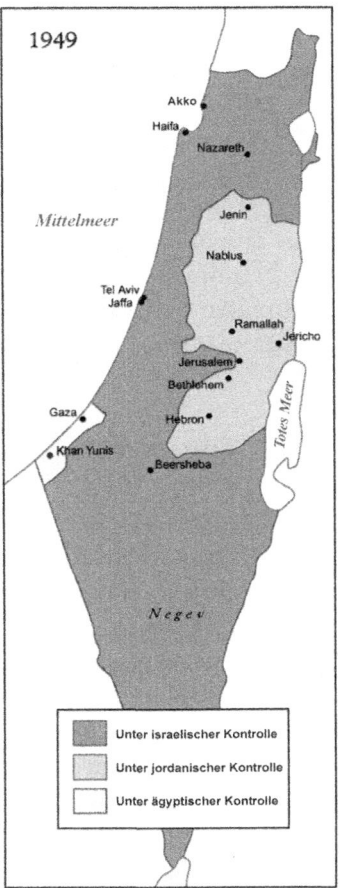

UN-Teilungsplan 1947   Waffenstillstandslinien 1949

Quelle: Eigene Darstellung auf Basis von PASSIA.

und nach der israelischen Staatsgründung kam es nach UNO-Angaben zur Vertreibung und Flucht von 726 000 palästinensischen Arabern. Die meisten von ihnen flohen in das Westjordanland, in den Gazastreifen und in die angrenzenden arabischen Staaten. In Israel blieben nur 150 000 bis 160 000. Die meisten palästinensischen Dörfer wurden zerstört. Der Krieg, in Israel auch „Unabhängigkeitskrieg" genannt, hat sich im Gedächtnis des palästinensischen Volkes als „Nakba" (= Katastrophe) eingeprägt. Seine Folgen dauern bis heute an; von der Neuordnung der Welt nach 1945 auf der Basis des nationalen Selbstbestimmungsrechts blieben die Palästinenser bis heute ausgenommen.

2.3.2 Der zweite Nahost-Krieg 1956

Im zweiten israelisch-arabischen Krieg, auch „Suez-Krieg", „Sinai-Feldzug" oder „Trilaterale Aggression" genannt, ging es nur am Rande um israelisch-palästinensische Streitfragen. Israel beteiligte sich an diesem Krieg mit expansionistischer Zielsetzung, um zusammen mit den Noch-Kolonialmächten England und Frankreich den Nahen Osten neu zu ordnen und dabei sein Staatsgebiet zu erweitern (Shlaim 2001: 178). Er fand allerdings vor dem Hintergrund erhöhter israelisch-ägyptischer Spannungen statt, zu denen das Bemühen des ägyptischen Staatspräsidenten Gamal Abdel Nasser, sich als Führer des Panarabismus zu präsentieren, beitrug. Seit 1955 ermutigte Nasser die palästinensischen Guerillakämpfer (Fedayin), vom Gazastreifen aus Israel anzugreifen; 1955 blockierte Ägypten die Straße von Tiran, Israels Zugang zum Roten Meer; 1956 schließlich nationalisierte Ägypten den Suezkanal, der sich im Besitz der Suezkanal-Gesellschaft (einer Aktiengesellschaft mit britischer und französischer Mehrheitsbeteiligung) befand. Als Großbritannien und Frankreich daraufhin die Kanalzone bombardierten und britische und französische Streitkräfte am 31. Oktober 1956 bei Port Said landeten, um die Verstaatlichung des Suezkanals rückgängig zu machen, nutzte Israel diese Gelegenheit, in den Sinai einzumarschieren. Die israelischen Truppen waren militärisch erfolgreich. Sie besetzten den Gazastreifen und die Halbinsel Sinai und erzwangen die Öffnung der Straße von Tiran. Doch die Sowjetunion und die USA schalteten die Vereinten Nationen ein, setzten einen Waffenstillstand durch und zwangen Israel, Großbritannien und Frankreich, sich trotz ihrer militärischen Erfolge zurückzuziehen. Im Dezember 1956 verließ Israel gegen die Garantie freier Schifffahrt im Golf von Aqaba/Eilat die Sinai-Halbinsel, im März 1957 den Gazastreifen. Hier wie dort wurden UN-Truppen stationiert.

2.3.3 Der dritte Nahost-Krieg 1967

Der dritte israelisch-arabische Krieg, in Israel und im Westen als „Sechstage-Krieg" und in den arabischen Ländern als „Juni-Krieg" bezeichnet, entwickelte sich aus einer nicht mehr kontrollierbaren Kriseneskalation. Zwischen Israel und seinen arabischen Nachbarn herrschte tiefes Misstrauen. Kein arabischer Staat hatte Israel bisher anerkannt. Grenzzwischenfälle, in denen es um die Kontrolle der Wasserressourcen ging, und Sabotageakte palästinensischer Fedayin hatten seit 1964 die Spannungen vor allem zwischen Israel und Syrien angeheizt.

Der Krieg begann am 5. Juni 1967 mit einem israelischen Präventivschlag. Seit Herbst 1966 hatten Ägypten und Syrien einen Propagandafeldzug gegen Israel geführt und im November einen Beistandspakt geschlossen. Am 14. Mai 1967 mobilisierte Ägypten seine Truppen, am 19. Mai begann auf Ersuchen Ägyptens der Abzug der UN-Truppen vom Sinai mit Hauptquartier in Gaza, am 22. Mai sperrte Ägypten die Straße von Tiran für israelische Schiffe und Schiffe mit „strategischer" Ladung (z. B. Öl) für Israel. Ägyptische, jordanische und syrische, irakische und saudi-arabische Truppen marschierten an den israelischen Grenzlinien auf.

Dem befürchteten Angriff der arabischen Truppen kam Israel zuvor. In einem Überraschungscoup zerstörte Israel am 5. Juni 1967 fast die gesamte ägyptische und syrische Luftwaffe und eroberte dann in sechs Tagen den Gazastreifen und die Sinai-Halbinsel, das Westjordanland und Ost-Jerusalem sowie die Golan-Höhen. Der Sechstage-Krieg führte zu einer wesentlichen Erweiterung des von Israel kontrollierten Territoriums und zu militärstrategisch vorteilhafteren Grenzen.

In Israel wurde der Kriegsausgang vielfach als Zeichen der Unbesiegbarkeit der israelischen Streitkräfte interpretiert; national-religiöse Kreise deuteten ihn als Zeichen, dass das von Gott verheißene Land nunmehr bis zum Jordan unter jüdische Kontrolle zu bringen sei. Aber mit Israels Sieg begannen auch Probleme, die bis heute nicht gelöst sind. Denn obwohl der UN-Sicherheitsrat die Unzulässigkeit kriegerischen Gebietserwerbs bekräftigte, hielt Israel an dem eroberten Territorium fest und wurde zur Besatzungsmacht.

Aus der Resolution 242 des UNO-Sicherheitsrates vom 22. November 1967:

„Der Sicherheitsrat
– hebt die Unzulässigkeit der Gebietserwerbung durch Krieg und die Notwendigkeit der Arbeit für einen gerechten und dauerhaften Frieden hervor, der jedem Staat der Region erlaubt, in Frieden zu leben;
1. bekräftigt, dass die Erfüllung der in der Charta niedergelegten Grundsätze die Schaffung eines gerechten und dauerhaften Friedens im Nahen Osten verlangt, der die Anwendung der beiden folgenden Grundsätze einschließt;
(i) Abzug der israelischen Streitkräfte aus (den) Gebieten, die während des jüngsten Konflikts besetzt wurden[1];
(ii) Beendigung jedes erklärten oder tatsächlichen Kriegszustands und Respektierung und Anerkennung der Souveränität, der territorialen Integrität und politischen Unabhängig-

---

1 Anmerkung: Im englischen Text heißt es unter 1.(i) (übersetzt): „Abzug der israelischen Streitkräfte aus Gebieten, die während des jüngsten Konflikts besetzt wurden…“. Im französischen Text heißt es (übersetzt): „Abzug der israelischen Streitkräfte aus *den* Gebieten, die während des jüngsten Konflikts besetzt wurden…“. In einem geheimen Memorandum stellten die beiden Vetomächte USA und Großbritannien fest, dass Resolution 242 an der ägyptischen und syrischen Front als vollständiger Rückzug zu den Grenzlinien vom 4. Juni 1967 zu interpretieren sei.

Karte 3   Israelisch kontrollierte Territorien nach dem
Sechstage-Krieg/Juni-Krieg 1967

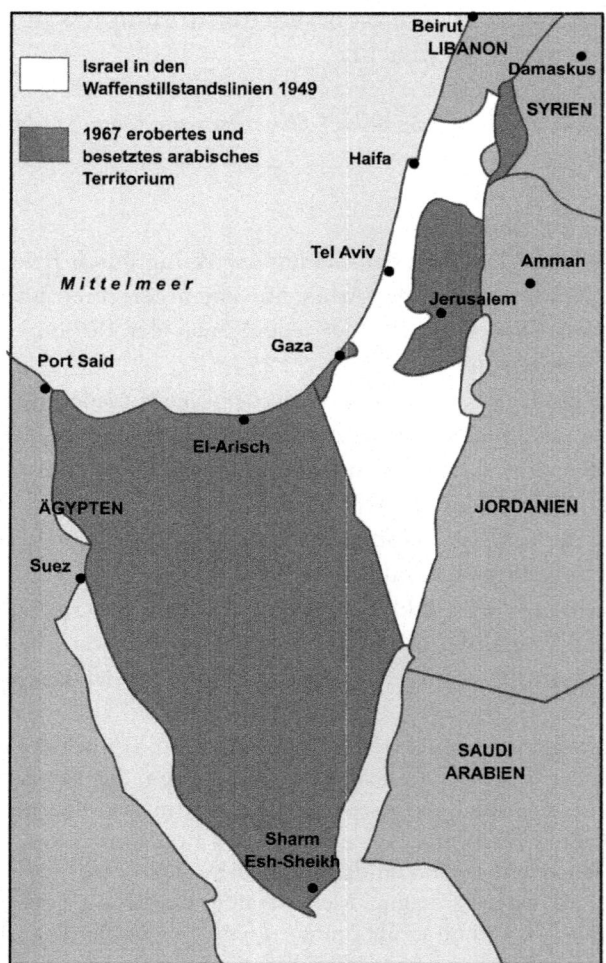

Quelle: Eigene Darstellung auf Basis von Mideastweb.

keit eines jeden Staates in der Region sowie seines Rechts, innerhalb sicherer und anerkannter Grenzen frei von Gewaltandrohung und -anwendung zu leben."

(United Nations, Security Council, S/RES/242, 22. November 1967. Zitiert nach: Europa-Archiv, Folge 24/1969, S. D578–D579)

Die herausragende Bedeutung von Resolution 242 ist das aus ihr abgeleitete Prinzip „Land für Frieden": Der Rückzug Israels aus den eroberten und besetzten Gebieten und das Recht aller Staaten der Region auf ein Leben in sicheren Grenzen bedingen einander. Mit der Eroberung des Westjordanlandes sowie Ost-Jerusalems und des Gazastreifens kamen 800 000 bis 900 000 Palästinenser unter israelische Besatzung. Die Zahl der unter israelischer Herrschaft lebenden Araber erhöhte sich dadurch schlagartig auf über 1,3 Millionen. Damit war zwar die vor der Staatsgründung bestehende koloniale Situation zwischen Israel und den Palästinensern wiederhergestellt, zugleich aber das Format für eine Lösung des israelisch-palästinensischen Konflikts geschaffen. Denn jetzt verfügte Israel über ein Pfand, das es im Tausch für die Anerkennung seines Existenzrechts und seiner Sicherheit anbieten konnte (Elon 2002: 82). Doch dieser „historische Kompromiss" ist bis heute nicht umgesetzt.

2.3.4 Der vierte Nahost-Krieg 1973

Den vierten Nahost-Krieg, auch „Oktoberkrieg" oder „Yom-Kippur-Krieg" genannt, brach der ägyptische Staatspräsident Anwar Sadat vom Zaun, um die ungelöste Besatzungssituation auf der Sinai-Halbinsel wieder auf die politische Tagesordnung zu setzen und das 1967 verlorengegangene Territorium auf dem Verhandlungswege zurückzuerlangen. Der syrische Präsident Hafis al-Assad hingegen spekulierte darauf, die Golan-Höhen zurückzuerobern. Der Krieg begann am 6. Oktober 1973, am Tag des höchsten jüdischen Feiertags Yom Kippur, mit einem Überraschungsangriff. Ägypten besetzte das Ostufer des Suezkanals, Syrien startete eine Offensive im Golan. An allen Fronten entbrannte eine ungeheure Materialschlacht. Die Sowjetunion schickte über eine Luftbrücke Waffen nach Syrien und Ägypten, die Vereinigten Staaten organisierten Lufttransporte nach Israel und unterstützten es mit Satellitenbildern über den ägyptischen Aufmarsch. Nach Anfangserfolgen Ägyptens und Syriens ging Israel an beiden Fronten in die Offensive und machte über die Grenzen von 1967 hinaus Geländegewinne. Der Krieg, den die Waffenlieferungen der Supermächte zunächst gespeist hatten, wurde durch deren Intervention beendet. In Anbetracht der Gefahr einer direkten Konfrontation der atomar bewaffneten Supermächte (Quandt 2001: 122) erzwangen die USA einen Waffenstillstand zwischen Israel und Ägypten, dem sich Syrien anschloss. Am 26. Oktober 1973 waren die Kampfhandlungen beendet. 1974 zog Israel seine Truppen im Süden und Norden wieder auf die Vorkriegsstellungen zurück. In Sinai wurde bis 1979 eine bewaffnete UN-Einsatztruppe (United Nations Emergency Force, UNEF) stationiert, auf dem Golan eine von UN-Beobachtern (United Nations Disengagement Observer Force, UNDOF) kontrollierte Pufferzone eingerichtet.

Das Kalkül von Präsident Sadat ging auf. Unter Vermittlung des amerikanischen Präsidenten Jimmy Carter führten die Verhandlungen zunächst im Abkommen von Camp David vom September 1978 zu einem „Rahmenwerk für den Frieden im Nahen Osten". Das Camp David-Abkommen mündete am 26. März 1979 in einen Friedensvertrag zwischen Israel und Ägypten. Ägypten erhielt die Sinai-Halbinsel und damit auch seine Ölfelder etappenweise bis April 1982 zurück, die dortigen israelischen Siedlungen wurden geräumt. Mit diesem Vertrag war der israelisch-arabische Konflikt als kriegsträchtiger Gesamtkonflikt beendet. Der ägyptisch-israelische Separatfrieden führte allerdings zu einer langjährigen Isolation Ägyptens in der arabischen Welt und kostete überdies den ägyptischen Präsidenten das Leben. Er fiel während einer Militärparade am 6. Oktober 1981, dem 8. Jahrestag des Kriegsbeginns, dem Attentat eines islamischen Fanatikers zum Opfer.

2.3.5 Der fünfte Nahost-Krieg 1982

Der fünfte Nahost-Krieg war ein Krieg Israels gegen die Palästinensische Befreiungsorganisation PLO. Ihm waren schwere Auseinandersetzungen zwischen der Besatzungsmacht im Westjordanland und den dort lebenden

Palästinensern vorausgegangen. Israel hatte nach dem Regierungswechsel 1977, bei dem erstmals die national-konservative Likud-Partei die Regierungsverantwortung übernahm, die Besiedlung der besetzten Gebiete forciert. Erklärtes Ziel der israelischen Regierung war es, durch eine Zerstückelung insbesondere des Westjordanlandes die Entstehung eines unabhängigen und lebensfähigen Staates Palästina zu verhindern. Parallel zu dieser Siedlungsstrategie wurden palästinensische Bürgermeister mit Deportation bedroht, wenn sie nicht mit den israelischen Besatzern kooperierten. Hinzu kam wirtschaftlicher Druck. Städten und Dörfern in den besetzten Gebieten wurde verboten, Hilfsgelder aus arabischen Solidaritätsfonds anzunehmen. Als im März 1982 an vielen Orten des Westjordanlandes offener Aufruhr ausbrach, beschloss Israel, die PLO militärisch zu zerschlagen.

Die Kämpfer der PLO, die ihr Hauptquartier 1971 unter jordanischem Druck von Amman nach Beirut verlegt hatte, hatten seither vom Libanon aus Guerillaoperationen gegen Israel unternommen. Israel hatte seinerseits bereits mehrfach PLO-Stellungen im nördlichen Nachbarland angegriffen, somit die Spannungen in dem multikonfessionellen Staat verschärft und so zum Ausbruch des libanesischen Bürgerkriegs beigetragen (vgl. Kap. 4.2.1.3). Am 6. Juni 1982 begann mit der Operation „Frieden für Galiläa" der israelische Einmarsch in den Libanon. Israel rückte mit 60 000 Soldaten auf Beirut vor, und verhängte eine fast zweimonatige Blockade. Während der Belagerung massakrierten christliche Milizen, die mit der PLO seit Jahren in blutige Auseinandersetzungen verwickelt waren, unter den Augen der israelischen Armee die Bewohner der palästinensischen Flüchtlingslager Sabra und Schatila; dem Massaker fielen nach unterschiedlichen Schätzungen zwischen 700 und 3 500 unbewaffnete Männer, Frauen und Kinder zum Opfer. Nach wochenlangen Dauerbombardements vermittelten die USA einen Abzug der PLO, die ihr Hauptquartier aus Beirut nach Tunis verlegte. Israel zog sich 1985 offiziell aus dem Libanon zurück, richtete aber im Süden des Landes eine „Sicherheitszone" ein, um Angriffe auf den Norden Israels zu verhindern, installierte dort eine „Südlibanesische Armee" (SLA) genannte Miliz und beanspruchte über Küste, Gewässern und Luftraum absolute Bewegungsfreiheit.

Der Libanon-Krieg 1982 war der erste Krieg Israels, der auf massive Kritik im eigenen Lande stieß. Hunderttausende israelischer Bürger demonstrierten gegen diesen Feldzug, der nach ihrer Auffassung Israel nicht aufgezwungen worden war. Der damalige israelische Verteidigungsminister Ariel Scharon musste wegen der Massaker von Sabra und Schatila von seinem Amt zurücktreten.

Die „Sicherheitszone" verfehlte ihren Zweck. Palästinensische Milizen sickerten in den folgenden Jahren erneut in den Südlibanon ein und setzten ihren Kampf fort; darüber hinaus war den israelischen Streitkräften während des Feldzugs ein weiterer Gegner, die libanesisch-schiitische Hisbollah (= Partei Gottes) erwachsen, die es sich zum Ziel setzte, die israelischen Truppen aus dem Südlibanon zu vertreiben. Die andauernde Weigerung Israels, der Resolution 425 (1978) des UN-Sicherheitsrats Folge zu leisten und aus dem Libanon abzuziehen (vgl. Kap. 4.2.1.3), ermöglichte es der Hisbollah, ihre

Angriffe als Widerstand gegen die israelischen Besatzer zu legitimieren. Erstmals im Nahostkonflikt setzten schiitische Attentäter gegen das israelische Militär ihr Leben als Waffe ein – eine Gewaltform, die im Nahen Osten „Märtyreroperation" heißt, während im westlichen Kulturkreis der Begriff des „Selbstmordattentats" gängig ist (Rosiny 2010: 214 f.). Kommandounternehmen der sich professionalisierenden Milizionäre und größere Militäroperationen bis hin zu massiven Angriffen der israelischen Luftwaffe – 1993 von Ministerpräsident Yitzhak Rabin angeordnet die Operation „Abrechnung", 1996 von Ministerpräsident Shimon Peres angeordnet die Operation „Früchte des Zorns" – bestimmten weiterhin die militärische Lage. Die massiven israelischen Vergeltungsschläge führten zur Solidarisierung der lokalen Bevölkerung mit dem „Islamischen Widerstand" (Rosiny 2012a: 174 f.).

Israel hatten die Besetzung libanesischen Territoriums und die mehrfachen militärischen Operationen die Gelegenheit geboten, unter realen Bedingungen neue Waffensysteme zu testen (Kirchner 2016: 190). Doch der militärische Nutzen wurde aufgewogen durch beträchtliche Verluste Israels in der „Sicherheitszone". Die militärische Präsenz Israels im Südlibanon wurde schließlich so unpopulär, dass der Kandidat der Arbeitspartei für das Amt des Ministerpräsidenten Ehud Barak die Wahlen 1999 mit dem Versprechen gewann, die Armee aus dem Südlibanon abzuziehen. Am 24. Mai 2000 räumte Israel die „Sicherheitszone". Die Hisbollah verbuchte den Abzug der israelischen Armee als Sieg ihres bewaffneten Widerstands.

2.3.6 Der sechste Nahost-Krieg 2006

Im sechsten Nahost-Krieg im Sommer 2006, der in Israel „Zweiter Libanonkrieg", in den arabischen Staaten „Juli-Krieg" oder „33-Tage-Krieg" heißt, unternahm Israel den Versuch, die libanesische Hisbollah militärisch zu entmachten (vgl. Kap. 4.2.1.3).

Auch nach dem Rückzug Israels aus der südlibanesischen „Sicherheitszone" waren Grenzverletzungen an der Tagesordnung. Vordergründig ging es hierbei um die so genannten Shebaa-Farmen, ein wasserreiches Gebiet von 25 Quadratkilometern am Fuße des Berges Hermon im Golangebirge, das Israel 1967 im Sechstage-Krieg besetzt hatte. Seine völkerrechtliche Zuordnung ist umstritten: Der Libanon beansprucht die Shebaa-Farmen als Teil seines Territoriums und forderte deren Räumung. Israel hingegen betrachtet die Sheeba Farmen als syrisches Territorium und hatte sie mit dieser Begründung im Zuge seines Abzugs vom Südlibanon im Jahr 2000 nicht geräumt. Darüber hinaus verlangte die libanesische Regierung, die ständigen Verletzungen libanesischen Luftraums durch israelische Kampfflugzeuge zu beenden, ihr eine Karte mit den Minenfeldern auszuhändigen, die Israel im Lande hinterlassen hatte, und die libanesischen Gefangenen aus israelischer Haft zu entlassen. Israel entgegnete auf diese Liste von Beschwerden und Forderungen, die libanesische Regierung habe dafür zu sorgen, dass vom Südlibanon aus nicht länger Angriffe auf Israel erfolgten.

Aus diesen Streitfragen leitete die Hisbollah ihren Sonderstatus als Widerstandsorganisation des Libanon ab und nahm das Recht für sich in Anspruch, Waffen zu tragen (Rosiny 2012a: 178). Zwar waren die Parteien des libanesischen Bürgerkrieges einschließlich der Hisbollah bereits 1989 im Frieden von Taif übereingekommen, alle Milizen zu entwaffnen und aufzulösen; der UN-Sicherheitsrat hatte sich in Resolution 1559 (2004) hinter diese Vereinbarung gestellt. Der libanesischen Regierung, in der auch die Hisbollah vertreten war, gelang die Aushandlung der Entwaffnungsmodalitäten und der Stationierung regulärer libanesischer Truppen im Süden des Landes aber nicht.

In einer stillschweigenden Übereinkunft betrachteten die Hisbollah und Israel die umstrittenen Shebaa-Farmen als einen legitimen Schauplatz begrenzter Gewaltakte. Als die Hisbollah jedoch am 12. Juli 2006 eine im Grenzgebiet operierende israelische Patrouille überfiel und zwei Soldaten gefangen nahm, löste sie eine massive militärische Operation Israels aus. Israel verhängte eine See- und Luftblockade über den Nachbarstaat, flog Luftangriffe auf Ziele im gesamten Libanon und setzte im Südlibanon Bodentruppen ein. Die Hisbollah beschoss Orte im Norden Israels mit Raketen.

Es fragt sich, warum der eher nichtige Anlass einen Krieg auslösen konnte, der möglicherweise durch Verhandlungen über einen Gefangenenaustausch hätte vermieden werden können. Aber es stand für Israel mehr auf dem Spiel als das Schicksal von zwei Soldaten. Die Militäroperation gegen den Libanon sollte Israel erklärtermaßen dazu verhelfen, die Hisbollah militärisch handlungsunfähig zu machen und ihre Verankerung in der Bevölkerung zu untergraben. Außenpolitisch be-

zweckte Israel zudem eine Schwächung Irans, der als
Sponsor der Hisbollah galt und dem deren militärische
Kapazitäten als Instrument zur Abschreckung eines An-
griffs Israels oder der USA auf die iranischen Nuklear-
einrichtungen dienten. Schließlich hoffte die israelische Regierung, ein Sieg über die Hisbollah werde das
Projekt einer „Trennung" von den Palästinensern absi-
chern, nachdem Israel 2005 den Gazastreifen geräumt
hatte (vgl. Kap. 4.1.2). Das Projekt war in Israel nicht
unumstritten und die Gegner eines unilateralen Abzugs
ohne ausgehandelte Gegenleistungen schienen Recht zu
behalten, als der Raketenbeschuss aus dem Gazastreifen
anhielt und ein palästinensisches Kommando im Juni
2006 einen Soldaten in seine Gewalt brachte, um einen
Gefangenenaustausch zu erzwingen. Als sich wenig später ein vergleichbarer Vorgang im Grenzgebiet zum Libanon wiederholte, schlug Israel im Vertrauen auf die eigene militärische Stärke mit Übermaß zurück.

Dass die Hisbollah diese Reaktion kalkuliert hatte,
ist fraglich. Um bei der eigenen Klientel und der arabischen Öffentlichkeit zu punkten, hätte ihr ein Gefangenenaustausch, wie es ihn in der Vergangenheit bereits öfter gegeben hatte, vermutlich vollauf genügt. Es
ist anzunehmen, dass sich die Hisbollah-Führung dies-
mal verkalkuliert hatte. Wieder einmal war der Libanon
zum Schauplatz eines Stellvertreterkrieges geworden. Bis
zum Waffenstillstand am 14. August 2006 kostete der
Krieg 1 400 Menschen das Leben, die meisten von ihnen libanesische Zivilisten, trieb eineinhalb Millionen
Menschen in die Flucht, verursachte direkte Schäden in
Höhe von acht Milliarden US-Dollar und hinterließ im

Libanon eine große Zahl von Blindgängern, die aus den von Israel eingesetzten Streubomben stammen.

Beide Seiten erklärten sich zu Siegern. Treffender wäre indes, von Fehleinschätzungen auf beiden Seiten zu sprechen. Der populäre Generalsekretär der Hisbollah Hassan Nasrallah hatte nach eigenem Bekunden nicht mit einer so massiven israelischen Reaktion auf die Entführungsaktion gerechnet. Die Hisbollah sah sich angesichts der enormen Zerstörungen im Land genötigt, mit Wiederaufbauarbeit und Sozialhilfe für Obdachlose den erlittenen Imageschaden so gering wie möglich zu halten. Auf der anderen Seite gelang es Israel nicht, die Hisbollah entscheidend zu schwächen. Sie konnte mit Hilfe Irans und Syriens ihr Arsenal an Kurzstreckenwaffen binnen weniger Jahre wieder auffüllen und stellt bis heute einen bedeutenden Machtfaktor im politischen System des Libanon dar. Ihren bewaffneten Arm versteht sie erklärtermaßen nicht als Konkurrenz zur libanesischen Armee, sondern als Ergänzung, um die Abschreckungsfähigkeit des libanesischen Staats gegenüber Israel zu gewährleisten (Rosiny 2012a: 179). In ihrer militärischen Unterstützung der syrischen Armee im benachbarten Bürgerkrieg hat sie ihre Transformation zu einer voll entwickelten Armee mit besonderen Fähigkeiten der Kriegführung in Städten *(urban warfare)* unter Beweis gestellt.

2.4   Der palästinensische Widerstand zwischen Gewaltlosigkeit und bewaffnetem Befreiungskampf

Die verheerende Niederlage der arabischen Staaten im Sechstage-Krieg 1967 machte den Palästinensern klar, dass sie für die Verwirklichung nationaler Selbstbestimmung eine eigene politische Organisation benötigten. Sie machten die 1964 von der Arabischen Liga gegründete und von Ägypten gesteuerte Palästinensische Befreiungsorganisation (PLO) zu einem von ihnen kontrollierten Instrument für die Vertretung und Durchsetzung ihrer Interessen.

Die PLO ist die Dachorganisation einer Reihe von säkular ausgerichteten palästinensischen Widerstandsgruppen. Die mit Abstand größte und tonangebende Gruppe ist die „Bewegung zur Befreiung Palästinas" (Fatah), die Yassir Arafat mit anderen Palästinensern 1958/59 in Kuwait gegründet hatte, um nach dem Vorbild der Algerischen Befreiungsfront für die Befreiung Palästinas zu kämpfen und dort einen eigenen Staat zu errichten (Baumgarten 1991: 149). Arafat wurde 1969 zum Vorsitzenden der PLO gewählt und blieb dies bis zu seinem Tod im November 2004. Unter dem Dach der PLO entwickelten die verschiedenen Widerstandsgruppen eine Vielzahl von Strategien im Dienste der nationalen Selbstbestimmung der Palästinenser und konkurrierten dabei auch um Popularität unter der Bevölkerung der besetzten Gebiete.

2.4.1 Gewalt und Diplomatie

Die PLO organisierte den Widerstand gegen die Besatzung bzw. für die Befreiung Palästinas vom Exil aus – ihre Führung residierte erst in Jordanien, dann im Libanon und später in Tunesien. Einige Widerstandsgruppen vertraten das Konzept einer Befreiung von ganz Palästina, infolgedessen einer Zerstörung Israels. Was aus der jüdischen Bevölkerung werden sollte, blieb offen. In der Fatah hingegen warb Arafat für die Alternative eines palästinensischen Kleinstaates auf dem Territorium der besetzten Gebiete Westjordanland und Gazastreifen mit Ost-Jerusalem als Hauptstadt.

Nach dem Sechstage-Krieg versuchte die PLO zunächst mit Sabotageakten und Überfällen auf Institutionen der Besatzungsmacht und deren Personal einen palästinensischen „Volkskrieg" gegen Israel zu entfachen. Nach dem Scheitern dieser Strategie gingen radikale Widerstandsgruppen in der PLO weltweit zu Terroraktionen gegen israelische Staatsbürger und Einrichtungen im Ausland über, z. B. in München 1972 mit der Geiselnahme der israelischen Olympiamannschaft durch das Kommando „Schwarzer September". 1974 beschloss die Fatah, die besetzten Gebiete in den Mittelpunkt ihrer politisch-organisatorischen Arbeit zu stellen, hielt allerdings an der populären Rhetorik des bewaffneten Kampfes fest. In ihrem Programm von 1974 gab die PLO dieser Doppelstrategie Ausdruck:

„Die PLO kämpft mit allen Mitteln – für die Befreiung des palästinensischen Landes und die Etablierung einer unabhängigen und kämpfenden nationalen Autorität des Volkes auf jedem Stück befreiten palästinensischen Landes."

(Zitiert nach: Helga Baumgarten, Arafat. Zwischen Kampf und Diplomatie, München 2002, S. 81)

Die UNO ermutigte den pragmatischen Kurs Arafats, als sie die PLO 1974 als offizielle Vertretung der Palästinenser anerkannte und ihr als weltweit einziger Befreiungsorganisation Beobachterstatus in der UNO zuerkannte. 1988 war die Zwei-Staaten-Option in der PLO mehrheitsfähig geworden.

2.4.2 Ziviler Widerstand und Selbstorganisation

Parallel zur Gewaltoption bildeten sich Anfang der 1970er Jahre breite gewaltlose Bewegungen, die mit Demonstrationen, Streiks, Boykotts etc. Widerstand gegen die Besatzung leisteten. Anders als palästinensische Terrorakte fanden diese „klassischen" gewaltfreien Kampagnen allerdings international kaum Beachtung. Die erste Widerstandswelle beantwortete Israel 1973 mit der Deportation ihrer Führungskräfte. Bei der nächsten Welle des zivilen Ungehorsams, die 1976 mit Steuerstreiks begann, übernahm die PLO die Organisation und verlieh ihr damit Dauer. Um dem Druck der Besatzung standhalten zu können, sollte die Bevölkerung eine eigene Infrastruktur aufbauen, um sich von den Institutionen der Besatzung abzukoppeln (Craissati 1997: 127). Besonders erfolgreich war die Fatah-Jugendorganisation Schabibah, die sich mit Aktivitäten wie der Organisation der Müllabfuhr, der Veranstaltung von Sportfesten, der Reparatur von Moscheen oder der Verbesserung des Abwassersystems Verdienste erwarb. Im Gegenzug übte sie auch soziale Kontrolle aus und bekämpfte in Flüchtlingslagern Drogenhandel, Prostitution und Kleinkriminalität mit der Begründung, asoziales Verhalten schwäche den Widerstandswillen der Bevölkerung.

2.4.3   Die erste Intifada

Als Folge der politischen Mobilisierung bildete sich in den besetzten Gebieten ein Netzwerk lokaler Organisationen, die dem Widerstand eine umfassende Infrastruktur gaben – neben der Schabibah Gewerkschaften, Berufsverbände, medizinische Hilfskomitees, Frauenkomitees, Studentenvereinigungen etc., die für Demonstrationen und Streiks mobilisierten. Israel sah dieser Entwicklung nicht tatenlos zu und ergriff Maßnahmen wie die Ablösung der aktivsten Bürgermeister der größten palästinensischen Städte durch israelische Offiziere, die Verhaftung und Deportation von politischen Führungspersönlichkeiten und Aktivisten, Ausgangssperren, Sprengung von Häusern, vereinzelt auch Schusswaffengebrauch gegen Demonstranten. Die Spannungen wurden durch die Beschlagnahmung palästinensischen Landes für den israelischen Siedlungsbau und Drohungen israelischer Politiker, die arabische Bevölkerung zu vertreiben, weiter angeheizt. Sie entluden sich im Dezember 1987 in einer mehrjährigen Rebellion gegen die Besatzung, die bis September 1993 anhielt und in die Geschichte des Nahen Ostens als „Intifada" (= Abschütteln) einging.

Der Aufstand stützte sich auf alle gesellschaftlichen Schichten. Er bot Frauen die Möglichkeit, ihre in den Jahren zuvor insbesondere im Gesundheits- und Bildungsbereich aufgebauten Kapazitäten einzubringen (Sharoni 1995: 70 f.). Eine Kampagne zivilen Ungehorsams, die der Besatzung eigene soziale, politische und ökonomische Strukturen entgegensetzte, sollte zur Etablierung eines unabhängigen palästinensischen Staates führen (Baumgarten 1991: 300). Um den Aufstand zu brechen, schloss die israelische Armee die Schulen und Universitäten. Als Antwort entstand ein alternatives Erziehungssystem. Überall im Lande bildeten sich Intifada-Komitees, um den Staatsaufbau aus der Rebellion heraus zu organisieren.

In der Intifada entstand der säkular orientierten PLO bzw. der Fatah mit der „Islamischen Widerstandsbewegung" (abgekürzt: Hamas) eine national-religiöse Konkurrenz. Hamas propagierte einen islamischen Staat in ganz Palästina, schuf in den besetzten Gebieten ein Netz von sozialen Einrichtungen und baute eine von Israel gefürchtete Untergrundmiliz, die Qassam-Brigaden, auf. Ihre ideologische Basis fand Hamas in den Moscheen und in der Islamischen Universität von Gaza.

Um den zivilen Ungehorsam zu brechen, verbot Israel die Komitees der Intifada und stellte jede Mitarbeit in ihnen unter Strafe. Das war der Anfang vom Ende der Intifada als ziviler Widerstand. Gegen demonstrierende

Männer und Frauen und gegen Steine werfende Kinder und Jugendliche setzte das Militär Tränengas, Schlagstöcke und Schusswaffen ein. Die Zusammenstöße forderten vor allem unter den Palästinensern viele Tote und Verletzte; nach Statistiken der israelischen Menschenrechtsorganisation B'Tselem fanden 1162 Palästinenser und 160 Israelis in dem Aufstand den Tod (B'Tselem 2016d). Die Brutalität der Auseinandersetzungen, ihre wirtschaftlichen Kosten für Israel und die zunehmende Kritik des Auslands und internationaler Organisationen an den repressiven Maßnahmen Israels spalteten die Bevölkerung und die Parteien Israels in Befürworter und Gegner der Besatzungspolitik. Auf diese Weise und ohne dass dies ursprünglich beabsichtigt war, wurde die Intifada zu einem der Wegbereiter des Friedensprozesses.

3

Der Friedensprozess

Mit dem Begriff „Friedensprozess" wird weithin die Periode in den israelisch-arabischen Beziehungen bezeichnet, in der die am Nahost-Konflikt beteiligten Parteien seit 1991 in direkten Verhandlungen eine Lösung suchten. Vorläufer lassen sich bis in die 1970er Jahre finden, als im Zusammenhang mit den ägyptisch-israelischen und syrisch-israelischen Truppenentflechtungsabkommen 1974 erste Schritte zu einer Rückgabe besetzten arabischen Territoriums gemacht wurden. Diese Schritte wurden damals ausdrücklich mit dem Ziel eines gerechten und dauerhaften Friedens in der Region verknüpft. Mit ihrer fast zeitgleich vorgenommenen Annäherung an die Möglichkeit einer Zweistaatlichkeit – ein Staat Palästina neben dem Staat Israel – hatte sich die PLO ihrerseits auf den Weg zu einer Konfliktlösung gemacht.

1978 stand die Zukunft des palästinensischen Gemeinwesens erstmals im Mittelpunkt regionaler Verhandlungen, als in den Camp-David-Gesprächen zwischen Israel und Ägypten eine Autonomielösung für die palästinensische Frage angedacht wurde. Allerdings waren die Palästinenser an diesen Gesprächen nicht beteiligt – ein wesentlicher Mangel insofern, als Vereinbarungen über die Köpfe einer Konfliktpartei hinweg den Keim des Scheiterns in sich tragen.

Auf der Madrider Nahostkonferenz im Oktober 1991 waren die Palästinenser – noch allerdings als Teil der jordanischen Delegation – erstmals an den Verhandlungen beteiligt. 1993 schließlich wurde auch die PLO zu den Verhandlungen zugelassen. Seither redeten – im Grundsatz – alle mit Entscheidungsgewalt ausgestatteten regionalen Akteure mit allen anderen (Perthes 2005: 41). Vorher geltende Tabus – bis 1991 hatte sich Syrien geweigert, direkt und bilateral mit Israel zu verhandeln, und bis 1993 waren in Israel Kontakte mit der PLO unter Strafe gestellt – waren gefallen. Der Konflikt hatte ein Stadium erreicht, in dem er als regelungsreif gelten konnte (Schmid 1997: 18). Eine Reihe internationaler und regionaler Entwicklungen hatte dazu beigetragen.

3.1 Voraussetzungen des Friedensprozesses

Unter den Voraussetzungen des Friedensprozesses werden im Folgenden vier Vorgänge behandelt, die den internationalen Kontext des Nahost-Konflikts und die

Kalküle der Konfliktparteien veränderten, so dass Blockaden fielen, die früher einer verhandelten Beilegung des Nahostkonflikts im Wege gestanden hatten.

3.1.1 Ende des Ost-West-Konflikts

Das Ende des Ost-West-Konflikts beendete auch die Einbindung des Palästina-Konflikts in die globale Bipolarität. In den Jahrzehnten davor war seine Lösung durch die Rivalität der Supermächte erschwert worden. Die Parteinahme der USA für die israelische und der UdSSR für die arabisch-palästinensische Seite hatte die Konfrontation im Ost-West-Verhältnis auf den Nahen Osten übertragen und war zum „Energiespender" für kriegerische Auseinandersetzungen geworden. Das Verhältnis der Supermächte zu ihren nahöstlichen „Klienten" war allerdings komplex. Einerseits verfestigten sich die Fronten im Nahostkonflikt durch dessen Einbindung in die Bipolarität. Andererseits konnten die Supermächte auch verhindern, dass kriegerische Auseinandersetzungen soweit eskalierten, dass ihre eigenen Interessen bedroht wären. Der vierte Nahostkrieg 1973 war ein solcher Fall (vgl. Kap. 2.3.4). Und solange sich der Nahost-Konflikt als Medium für die Rivalität der Supermächte anbot (Schmid 1993: 46), stellte er umgekehrt für die regionalen Akteure auch einen Hebel dar, um ihren jeweiligen „Patron" für wirtschaftliche und militärische Unterstützungsleistungen zu manipulieren. Nachdem sich die Sowjetunion unter Präsident Gorbatschow von einer militärisch gestützten Konkurrenz mit den USA um re-

gionalen Einfluss verabschiedet hatte, war international
der Weg frei für kooperative Konfliktlösungen.

3.1.2 Golfkrieg

Im Krieg einer von den USA geführten Staatenkoalition
gegen den Irak, der 1990 den Nachbarstaat Kuwait über-
fallen und annektiert hatte, stiegen die USA zur alleinigen Großmacht mit dominierendem Einfluss in der Region auf. Auf Grund ihres doppelten Interesses, sowohl
Israels Existenzrecht und seine militärische Stärke zu gewährleisten als auch gute Beziehungen zu den Ölför-
derländern der Region zu pflegen, waren sie zwar auch
in der Vergangenheit darauf bedacht gewesen, mäßi-
gend auf die Konfliktparteien einzuwirken und hatten
wiederholt Initiativen für eine Beilegung von Streitfragen ergriffen. Aber erst die Selbstbeschränkung der Sowjetunion als weltweiter Konkurrent um Einflusszonen
und schließlich die Auflösung der Blockkonfrontation
machte die USA zum extraregionalen Hegemon im Nahen Osten. Diese Rolle nutzte die US-Regierung 1991
für eine Initiative zur Lösung des israelisch-arabischen
Konflikts, die sie ihren arabischen Koalitionspartnern
im Krieg gegen den Irak zugesagt hatten.

3.1.3 Finanzkrise der PLO

In den 1980er Jahre war die PLO in eine Finanzkrise geraten. Ihr Budget hing fast vollständig von finanziellen

Zuwendungen arabischer Staaten ab. Doch die rückläufigen Erdöleinnahmen der arabischen Golfstaaten schmälerten auch deren Hilfszahlungen an die PLO. Selbst der durch die Intifada steigende Finanzbedarf der PLO genügte nicht als Argument, um die arabischen Golfstaaten zu bewegen, ihr aus den finanziellen Nöten zu helfen. Diese wurden existenzbedrohend, als Arafat in der Irak/Kuwait-Krise für den Irak Partei ergriff, weil dessen Präsident Saddam Hussein der PLO während der Intifada unter die Arme gegriffen hatte, während Kuwait der mit der PLO konkurrierenden nationalreligiösen Hamas doppelt so viel Geld zukommen ließ als der PLO. Für die Solidaritätserklärung Arafats bezahlte die PLO teuer. 1990 verloren Hunderttausende palästinensischer Arbeitsmigranten ihre Arbeitsplätze am Golf und die Budgetüberweisungen der Ölmonarchien blieben gänzlich aus, so dass die PLO mehr oder weniger bankrott war. Sie musste ihre sozialpolitischen Leistungen in den besetzten Gebieten zurückfahren und verlor im Konkurrenzkampf mit der Hamas, die sich in der Intifada als ernstzunehmende Kraft hatte etablieren können, an Boden. Ein kooperatives Konfliktverhalten eröffnete der PLO die Aussicht auf alternative Finanzquellen im Westen und damit einen Ausweg aus ihrer Finanzkrise (Beck 2002: 252 f.).

3.1.4 Moralische Krise in Israel

Israel trug schwer an den ökonomischen, politischen und moralischen Kosten des Konflikts, insbesondere seit

Ausbruch der Intifada. Die Brutalität, mit der die Besatzungsmacht der Lage Herr zu werden suchte, führte zu einer beträchtlichen Beschädigung des israelischen Ansehens in den internationalen Medien und spaltete die Bevölkerung und die Parteien im Lande. Mit den Parlamentswahlen 1992, die den rechten Likud-Block um die 15 Jahre während Regierungsmacht brachten, wurde ein Kurswechsel Israels möglich. Die Regierung unter Ministerpräsident Yitzhak Rabin von der sozialdemokratischen Arbeitspartei beendete die Kriminalisierung der PLO, akzeptierte sie als legitime nationale Vertretung des palästinensischen Volkes und bot die Hand für Gespräche mit den Palästinensern mit dem Ziel, die Intifada zu beenden und Vereinbarungen über die Zukunft der besetzten Gebiete auszuhandeln.

3.2   Ziele der Kontrahenten

Die Kontrahenten gingen mit recht unterschiedlichen Interessen und Erwartungen in die Verhandlungen. Israel wollte die Kosten der Besatzung senken, die Gewaltakte gegen israelische Soldaten und Zivilisten beenden, ein geregeltes Nebeneinander mittels einer vertraglich gesicherten Selbstverwaltung der Palästinensischen Gebiete unter israelischer Hoheit etablieren und die israelischen Siedlungen nachträglich legitimieren. Von einer veränderten Besatzungspolitik erhoffte sich die neue israelische Regierung ein Durchbrechen regionaler Isolierung vor allem in wirtschaftlicher Hinsicht (Peres 1993: 186 ff.).

Die Palästinenser hingegen wollten einen eigenen Staat. Das Ende der israelischen Besatzung und das Recht auf Selbstverwaltung stellte in ihren Augen den Einstieg in den Aufbau eines souveränen Palästina dar. Damit verbunden erwarteten die Palästinenser einen wirtschaftlichen Aufschwung der von ihnen selbstverwalteten Gebiete. Überdies erhofften sich die Flüchtlinge eine Anerkennung ihres Rückkehrrechts.

Im Rückblick überrascht es nicht, dass diese unterschiedlichen und zum Teil entgegengesetzten Agenden zu Blockaden im Friedensprozess wurden (vgl. Kap. 3.3.4). Gleichwohl entwickelte er eine Eigendynamik, die auf seinen logischen Schlusspunkt, die Errichtung eines souveränen Staates Palästinas an der Seite Israels, hindrängte (2001: 599): Er steht nicht nur an der Spitze der palästinensischen Agenda, er wurde nicht nur von der Mehrheit der israelischen Bevölkerung lange für unabwendbar gehalten. Auch die im Friedensprozess engagierten externen Akteure halten bisher daran fest, dass es der Schaffung eines Staates Palästina mit gleichen Rechten und Pflichten wie sein Nachbar Israel bedarf, um den Jahrhundertkonflikt zwischen beiden Völkern beizulegen.

3.3   Stationen des Friedensprozesses

3.3.1   Die Madrider Friedensverhandlungen

Nach der Beendigung des Golfkrieges luden die USA alle direkt oder indirekt an dem Konflikt Beteiligten zu einer internationalen Nahost-Konferenz ein. Sie wurde am 30. Oktober 1991 in Madrid eröffnet und in den Hauptstädten der Schirmherren USA und Sowjetunion (bzw. Russland) sowie einer Reihe weiterer mit Vorsitzfunktionen betrauter Staaten fortgesetzt.

„Madrid" basierte auf einem zweigliedrigen Verfahren: In multilateralen Gesprächen, für die fünf Arbeitskreise gebildet wurden, erörterten die Palästinenser, Israel, die arabischen und weitere interessierte Staaten sowie die Europäische Union (EU) und die UNO grenzüberschreitende Probleme, deren einvernehmliche Regelung als Voraussetzung für einen dauerhaften Frieden im Nahen Osten galten: Wirtschaftliche Entwicklung (Vorsitz EU), Umwelt (Vorsitz Japan), Wasser (Vorsitz Türkei), Abrüstung und regionale Sicherheit (Vorsitz USA) sowie die Flüchtlingsfrage (Vorsitz Kanada). Mit der Übernahme der Vorsitzfunktionen demonstrierten die betreffenden Staaten, Verantwortung in Bereichen übernehmen zu wollen, in denen sie wie z. B. die Türkei aufgrund ihres „Südostanatolien-Projekts" auch eigene Interessen verfolgten, oder wie z. B. die USA als Schutzmacht Israels und wichtigster Waffenlieferant der Ölmonarchien am Persischen Golf über besonderen Einfluss verfügten, oder wie z. B. die EU für die erfolgreiche Implementierung eines Friedensabkommens ökonomische Anreize wie den Zugang zum europäischen Markt bieten konnten.

In bilateralen Gesprächen verhandelte Israel mit den Palästinensern sowie mit Jordanien, Syrien und Libanon über eine Lösung der territorialen Konflikte als Voraussetzung für den Abschluss von Friedensverträgen. Hierbei ging es im Wesentlichen um folgende Probleme:

1. das Streben der Palästinenser nach einem Ende der israelischen Besatzung und nach einem eigenen Staat (Verhandlungspartner: Palästinenser/PLO und Israel);
2. die Normalisierung und den Ausbau der jordanisch-israelischen Beziehungen (Verhandlungspartner: Jordanien und Israel);
3. die Rückgabe der Golan-Höhen an Syrien (Verhandlungspartner: Syrien und Israel);
4. die Befriedung des Südlibanon (Verhandlungspartner: Libanon und Israel).

Im Rückblick erscheint die Phase von der Eröffnung der Konferenz bis zur Anerkennung der PLO zwei Jahre später als „Sondierungsphase" (Schmid 1997: 21), in der man sich über die Zusammensetzung der Delegationen, vor allem über die Art der Beteiligung der Palästinenser, sowie über die Verhandlungsobjekte auseinander setzte. Der substanzielle Ertrag von Madrid bestand in dem Konsens, dass als Leitfaden für die Friedenssuche zwischen allen Konfliktparteien, die Palästinenser eingeschlossen, das Prinzip „Land für Frieden" zu gelten habe. Man kam in den Verhandlungen über den israelisch-palästinensischen Konflikt aber nicht über die Einigung auf eine Übergangsperiode, die nach fünf Jahren in einen dauerhaften Status münden sollte, hinaus. Die mageren Ergebnisse der Verhandlungen über den nahöstlichen Kernkonflikt blockierten zunächst auch die anderen Verhandlungsforen.

3.3.2 Der Durchbruch: Gegenseitige Anerkennung zwischen Israel und der PLO

Die Blockade wurde durch Geheimverhandlungen zwischen Israel und der PLO durchbrochen. Sie mündeten am 9. September 1993 in eine gegenseitige Anerkennung zwischen Israel und der PLO: Die PLO-Führung akzeptierte Israels Recht auf eine Existenz in Frieden und Sicherheit; im Gegenzug erkannte die israelische Regierung die PLO als Repräsentantin des palästinensischen Volkes und legitime Verhandlungspartnerin an. Nach dem Ort der Verhandlungen, die norwegische Wissenschaftler und Diplomaten vermittelt hatten (Makovsky 1996), wird der israelisch-palästinensische Friedensprozess auch oft einfach „Oslo" genannt.

Aus dem Brief des PLO-Vorsitzenden Arafat an Ministerpräsident Rabin:

9. September 1993

Herr Ministerpräsident,

die Unterzeichnung der Prinzipienerklärung kennzeichnet eine neue Ära in der Geschichte des Nahen Ostens. Fest überzeugt vom Inhalt dieser Erklärung bestätige ich hiermit wie folgt:

Die PLO erkennt das Recht des Staates Israel auf Existenz in Frieden und Sicherheit an.

Die PLO verpflichtet sich auf den Nahost-Friedensprozess und auf eine friedliche Lösung des Konflikts zwischen den zwei Parteien und erklärt, dass alle ausstehenden Fragen über den dauerhaften Status durch Verhandlungen geregelt werden.

Die PLO betrachtet die Unterzeichnung der Prinzipienerklärung als historisches Ereignis, das eine neue Epoche friedlicher Koexistenz, ohne Terror und alle Art von Gewalt, die Frieden und Stabilität gefährden, einleitet. Die PLO verzichtet entsprechend auf Terror und jede andere Art von Gewalt.

Hochachtungsvoll

Yasser Arafat

Vorsitzender
Palästinensische Befreiungsorganisation

Aus dem Brief von Ministerpräsident Rabin an den PLO-Vorsitzenden Arafat:

9. September 1993

Herr Vorsitzender,

in Beantwortung Ihres Schreibens vom 9. September 1993 möchte ich hiermit bestätigen, dass die israelische Regierung...beschlossen hat, die PLO als die Vertretung des palästinensischen Volkes anzuerkennen und Verhandlungen mit der PLO im Rahmen des Nahost-Friedensprozesses aufzunehmen.

Hochachtungsvoll

Yitzhak Rabin
Ministerpräsident des Staates Israel

(Zitiert nach: Botschaft des Staates Israel (Hg.), Die Vereinbarungen zwischen Israel und der PLO. September 1993, Bonn 1993, S. 4–6)

Der Briefwechsel zwischen Arafat und Rabin markierte einen Durchbruch in der Nahost-Friedensdiplomatie. Die wechselseitige Anerkennung schuf die Voraussetzung, überhaupt ins Gespräch zu kommen. Bei nach wie vor unterschiedlichen, teilweise entgegengesetzten Interessen akzeptierten die Konfliktparteien einander als Verhandlungspartner und hatten damit den notwendigen ersten Schritt zu friedlichem Interessenausgleich anstelle kriegerischer Interessendurchsetzung getan. Der gegenseitigen Anerkennung folgte am 13. September 1993 in Washington die Unterzeichnung der israelisch-palästinensischen „Grundsatzerklärung über die Übergangsregelungen für die Autonomie".

Die Grundsatzerklärung wäre indes als Friedensvertrag missverstanden, denn die Vereinbarung regelte keine einzige Streitfrage abschließend, sondern schuf lediglich den Rahmen für nachfolgende Verhandlungen. Als Ziel nennt sie die Etablierung einer in Wahlen legitimierten palästinensischen Selbstverwaltung, deren Zuständigkeiten und Geltungsbereich im Laufe von fünf Jahren schrittweise ausgedehnt werden würden. Eine anschließende dauerhafte Regelung aller offenen Fragen sollte den Konflikt endgültig beenden. Erst in diesen Endstatusverhandlungen wollte man die besonders strittigen Probleme anpacken: Die Grenzen des künftigen palästinensischen Gemeinwesens, den Status Jerusalems, Sicherheitsfragen, die Zukunft der jüdischen Siedlungen in den besetzten Gebieten und die Handhabung des Anspruchs der palästinensischen Flüchtlinge auf Rückkehr.

Dieses Verfahren folgte dem Konzept des Gradualismus, das während des Kalten Krieges zur Vertrauensbildung zwischen Ost und West, insbesondere zur Begrenzung und Minderung von Rüstungen entwickelt worden war (Etzioni 1962). Ihm lag die Annahme zugrunde, dass die Chancen für eine Lösung der besonders problematischen Fragen steigen würden, wenn sich die Übergangsregelungen bewährt hätten und zwischen den Kontrahenten Vertrauen entstanden wäre. Unter dem Primat der Sicherheit blieb im dem Prozess der „kleinen Schritte" die israelische militärische Dominanz unangetastet (Amar-Dahl 2012: 212 f.). Die Grundsatzerklärung spiegelte das extreme Machtungleichgewicht zwischen den Konfliktparteien in zwei zentralen Punkten wider: Es ist darin keine Rede von einem palästinensischen Staat und sie setzt den israelischen Siedlungsaktivitäten in den besetzten palästinensischen Gebieten keine expliziten Grenzen. Das sollte sich später als Sprengsatz des Friedensprozesses erweisen. Da die Grundsatzerklärung keine mit Durchsetzungsmacht ausgestattete Schiedsinstanz vorsah, waren die Palästinenser als die

schwächere Partei für die termingerechte Einlösung der
israelischen Rückzugsverpflichtungen vom guten Willen
des ungleich stärkeren Partners abhängig. Kritiker von
der israelischen Linken bezeichneten den Oslo-Prozess
darum auch als „Fortsetzung der Besatzung mit friedlichen Mitteln" (Amar-Dahl 2012: 213).

3.3.3 Die Übergangsregelung: Palästinensische Autonomie

Der 1993 fixierte grobe Fahrplan für die Transformation der israelischen Besatzung führte in mehreren Etap-
pen zur Etablierung eines palästinensischen Gemeinwesens, das zwar wesentliche Merkmale von Staatlichkeit
aufwies, dessen Selbstverwaltung aber vielfach eingeschränkt war.

Einerseits besaß das palästinensische Gemeinwesen
mit der 1994 gebildeten Palästinensischen Autonomiebehörde (PA) eine international anerkannte Führung,
Regierungs- und Verwaltungsbehörden sowie einen Poli-
zeiapparat. Nach den Präsidentschafts- und Parlamentswahlen 1996 war die Selbstverwaltung zudem demokratisch legitimiert. Sie gab sich Gesetze, sorgte für
öffentliche Ordnung und pflegte rege diplomatische Beziehungen.

Andererseits war die in den Abkommen zwischen
der PLO und Israel vereinbarte Autonomie unvollstän-
dig: Sie war *erstens* eine Autonomie auf Zeit: Nach einer fünfjährigen Übergangsphase, die formell 1999 endete, blieb die Regelung des endgültigen Status aus. Sie

war *zweitens* eine Autonomie in zersplitterten Räumen: Das Westjordanland und der Gazastreifen blieben territorial voneinander getrennt; beide waren zudem von israelischen Militär- und Sicherheitszonen, jüdischen Siedlungen und diese mit dem israelischen Kernland verbindenden Straßen durchzogen und besaßen keine territoriale Kontinuität. Sie war *drittens* eine funktional eingeschränkte Autonomie: Die Sicherheits-, Außen- und Außenwirtschaftspolitik und auch die direkte Kontrolle und Verfügungsgewalt über strategische Ressourcen wie Wasser und Boden unterlagen weiterhin der alleinigen israelischen Kontrolle.

Das „Gaza-Jericho-Abkommen" vom 4. Mai 1994 und das „Israelisch-Palästinensische Interimsabkommen" über das Westjordanland und den Gazastreifen" vom 28. September 1995 regelten die territorialen und funktionalen Zuständigkeiten der PA. Im Gazastreifen wurden ihr 65 Prozent des Territoriums unterstellt. Das Westjordanland – Ost-Jerusalem ausgenommen – wurde in drei Zonen unterteilt:

⇨ Die autonome Zone A mit den großen Städten Dschenin, Nablus, Tulkarem, Kalkilja, Ramallah, Bethlehem und Jericho; hier erhielt die PA alle zivilen und polizeilichen Kompetenzen; für Hebron mit rund 130 000 Einwohnern wurde eine Sonderregelung getroffen, weil hier im Stadtzentrum etwa 400 jüdische Siedler und Talmud-Schüler lebten und sich am Stadtrand die jüdische Siedlung Kirjat Arba mit rund 5 000 Einwohnern befand, deren Schutz weiterhin dem israelischen Militär oblag. Zone A umfasste

vier Prozent des Territoriums mit rund 30 Prozent der
palästinensischen Bevölkerung.

⇨ Die gemischte Zone B mit rund 450 Kleinstädten
und Dörfern; hier übernahm die PA gleichfalls die zivile Administration; für Sicherheitsfragen bestand gemeinsame israelisch-palästinensische Zuständigkeit,
wobei aber die Entscheidungsbefugnis letztendlich
beim israelischen Militär lag; Zone B umfasste 23 Prozent des Territoriums.

⇨ Die Zone C; hier übte Israel weiterhin vollständige
Kontrolle aus; Zone C umfasste 73 Prozent des Territoriums. Landwirtschaft war den Palästinensern erlaubt, die Errichtung von Gebäuden aber weitgehend
verboten. Hier liegen die israelischen Siedlungen und
Militäreinrichtungen.

Für die äußere Sicherheit blieb Israel zuständig. Das Abkommen schuf darüber hinaus Dutzende von gemeinsamen Ausschüssen mit der Aufgabe, die Umsetzung
der Vereinbarungen zu überwachen. Sie boten Israel die
Handhabe, in allen Fragen, die seine Interessen berühr-
ten, Kontrolle auszuüben.

Das Abkommen schuf überdies die Grundlage für die
demokratische Legitimation der Selbstverwaltung: Die
Palästinenser wählten Yassir Arafat zu ihrem Präsidenten und machten Arafats Partei, die Fatah, zur stärksten
Fraktion des palästinensischen Parlaments. Die Hamas,
von Anfang an Gegnerin des Vertragswerks von „Oslo",
boykottierte die Wahlen mit der Begründung, sie basier-
ten auf „Oslo" und seien deshalb illegitim. Dass die Hamas nicht in den Friedensprozess eingebunden war und

Karte 4 A-, B- und C-Gebiete nach dem letzten
vereinbarten israelischen Truppenabzug (21. 3. 2000)

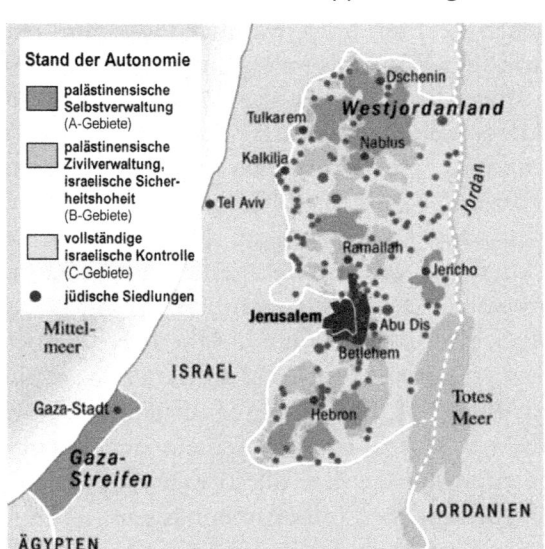

Quelle: Berlin-Institut für Weltbevölkerung und globale Entwicklung.

am bewaffneten Widerstand gegen die fortbestehende
Besatzung festhielt, sollte sich als der zweite Sprengsatz
des Friedensprozesses erweisen (vgl. Kap. 4.2.1.2).

In ihrer großen Mehrheit erwarteten die Palästinenser, dass diesen ersten Schritten auf dem Weg der Selbstbestimmung zügig weitere folgen würden, bis sie ihre
Unabhängigkeit in einem eigenen Staat Palästina erlangen würden. Doch bereits wenige Monate nach Unterzeichnung des Interimsabkommens geriet der Friedens-

prozess ins Stocken. Die Ermordung des israelischen Ministerpräsidenten Yitzhak Rabin durch einen Anhänger der religiösen Rechten im November 1995 sollte sich als Wendepunkt des Friedensprozesses erweisen. Der Attentäter, der später zu einer lebenslänglichen Freiheitsstrafe verurteilt wurde, beabsichtigte nach eigenen Worten, den Friedensprozess zu torpedieren – und erreichte sein Ziel. Denn unter Benjamin Netanjahu vom Likud, dem Rabins temporärer Nachfolger Shimon Peres in den Wahlen knapp unterlegen war, verlief der weitere israelische Truppenrückzug schleppend. Auch unter seinem Nachfolger Ehud Barak von der Arbeitspartei blieb die Übergabe weiteren Territoriums an die PA weit hinter den Erwartungen der Palästinenser zurück. Bis März 2000 vergrößerten sich zwar die Gebiete der A-Zone auf 18 Prozent und die Gebiete der B-Zone auf 22 Prozent. Aber es entstand kein zusammenhängendes Territorium. Die Zersplitterung der A- und B-Gebiete sowie die Restriktionen, denen die Palästinenser in den C-Gebieten unterworfen sind, erwiesen sich als schwere Hypothek für die wirtschaftliche Entwicklung des palästinensischen Gemeinwesens (vgl. Kap. 4.1.7).

Die C-Zone umfasst mit ca. 330 000 Hektar 60 Prozent des Westjordanlandes, hinzu kommen als Naturreservate ausgewiesene Flächen von ca. zwei Prozent. In der C-Zone liegen die israelischen Siedlungen mit ca. 370 000 Einwohnern. Israels Kontrollbefugnisse umfassen neben denen der Sicherheit auch alle zivilen Angelegenheiten, die im weitesten Sinne mit dem Land zusammenhängen: Nutzungsgenehmigungen, Planung und Bebauung, Infrastruktur. Die PA ist zuständig für den Bildungs- und den Gesundheitssektor zur Versorgung der dort lebenden Palästinenser. Wie viele es sind, ist umstritten. Zahlenangaben sind zumeist politisch motiviert. Laut OCHA, dem UN-Büro zur Koordinierung humanitärer Angelegenheiten, sind es ca. 150 000, weniger als fünf Prozent der palästinensischen Bevölkerung. Es obliegt Israel, für die Errichtung und den Erhalt der zur Versorgung der Bevölkerung benötigten Infrastruktur zu sorgen. Im Jordantal, wo 1967 noch etwa 250 000 Palästinenser lebten, sind es heute weniger als 50 000 – 95 Prozent von ihnen leben heute in den Zonen A und B. Die israelische Kontrolle des Jordantals und die faktische Vertreibung der palästinensischen Bevölkerung spiegelt die Bedeutung des Jordantals in israelischen Planungen, in denen es als östliche Grenze Israels fungiert (vgl. Kap. 5.2.2).

Der unterschiedliche Status der A-, B- und C-Gebiete war ursprünglich lediglich für die Übergangszeit bis zu einem Abkommen über den Endstatus gedacht. Die Übergangszeit dauert indes seit über 20 Jahren an und blockiert inzwischen eine ökonomische Entwicklung im Westjordanland, die der Bevölkerungsentwicklung Rechnung tragen würde (B'Tselem 2016a).

3.3.4 Endstatusverhandlungen ohne Ergebnis

Die Verhandlungen über einen Endstatus endeten ergebnislos. Das Gipfeltreffen im Juli 2000 unter Vermittlung von US-Präsident Bill Clinton im amerikanischen

Camp David wurde abgebrochen, ohne dass man auch nur Teilergebnisse erzielt hatte. Weder über den künftigen Grenzverlauf noch über die Souveränitätsrechte in Jerusalem hatte man sich einigen können. Unüberbrückbar blieben auch die Gegensätze in der Flüchtlingsfrage. Über die „Schuld" am Scheitern des Gipfels wurde im Nachhinein heftig gestritten (Swisher 2004). Während die palästinensische Seite Israel vorwarf, noch immer nicht bereit zu sein für die Aufgabe der besetzten Gebiete, wie es die relevanten Beschlüsse des UN-Sicherheitsrates verlangten, erklärten die israelischen Teilnehmer, die palästinensische Führung hätte sich als unfähig erwiesen, Partner im Friedensprozess zu sein, als sie die israelischen Vorschläge ablehnte, ohne eigene auf den Tisch zu legen. Das Diktum Ehud Baraks vom fehlenden Partner auf der anderen Seite wurde in Israel zum geflügelten Wort auch zur Erklärung späterer gescheiterter Verhandlungsrunden. Dass das Kabinett des israelischen Regierungschefs in der Auflösung begriffen war, so dass sein Kontrahent Yassir Arafat das Risiko von Kompromissen mit zweifelhaften Durchsetzungschancen scheute, geriet in dem Kein-Partner-Narrativ ins Vergessen.

Dennoch lässt sich der Gipfel von Camp David als Meilenstein im Friedensprozess werten. Erstmals standen alle strittigen Fragen des Endstatus auf höchster Ebene zur Diskussion. Der Gesprächsfaden riss auch nach dem Scheitern von Camp David nicht ab und ein halbes Jahr später wurde im ägyptischen Taba auf der Basis eines Vorschlags des aus dem Amt scheidenden US-Präsidenten, den sogenannten Clinton-Parametern, erneut verhandelt. Die Standpunkte näherten sich in einer

Reihe von Fragen deutlich an: Die Israelis schraubten ihre Annexionsforderungen herunter und waren bereit, dem künftigen palästinensischen Staat die Hoheit über die arabisch bewohnten Ortsteile Ost-Jerusalems zuzubilligen. Die Palästinenser kamen den israelischen Sicherheitsbedürfnissen entgegen, akzeptierten die Errichtung israelischer Frühwarneinrichtungen und billigten die Stationierung einer europäisch-amerikanischen Friedenstruppe auf dem Territorium des palästinensischen Staates. Sogar in der Flüchtlingsfrage kam man sich näher. Es wurde eine Regelung diskutiert, die den prinzipiellen Rechtsanspruch der Flüchtlinge auf Rückkehr bestätigen, die tatsächliche Rückkehr in das israelische Staatsgebiet jedoch auf ein für Israel akzeptables Maß begrenzen würde.

Am Ende fehlte den Verhandlungsdelegationen die Zeit, um ein unterschriftsreifes Abkommen zu paraphieren. Nach dem Auseinanderbrechen von Ehud Baraks Regierungskoalition waren in Israel Neuwahlen angesetzt und der Regierungschef sah sich außerstande, die Verhandlungen ohne parlamentarische Mehrheit zum Abschluss zu bringen. An den in Taba vorgelegten Kompromissvorschlägen hätten sich künftige Verhandlungen orientieren können, wenn die Konfliktparteien ein Mindestmaß an Vertrauen in die Bereitschaft der Gegenseite gehabt hätten, zu einer für beide Seiten vertretbaren nachhaltigen Lösung zu gelangen. Doch das war nicht der Fall.

3.4 Gründe für das Scheitern des Friedensprozesses

Die Debatte über die Gründe für das Scheitern des Friedensprozesses wird kontrovers geführt. Die konkurrierenden Erklärungsansätze stellen entweder das Machtungleichgewicht zwischen den Konfliktparteien oder die Machtkalküle der Führungen oder radikale Gruppierungen auf beiden Seiten in den Mittelpunkt. Aber auch ohne ein abschließendes Urteil lässt sich nachvollziehen, warum beide Seiten in ihren fundamentalen Erwartungen an den Friedensprozess enttäuscht wurden, so dass der Prozess der Vertrauensbildung, auf den das gradualistische Konzept setzte, misslang.

Die *Palästinenser* hatten erwartet, der Friedensprozess werde zur Errichtung eines palästinensischen Staates im Westjordanland und Gazastreifen, mit Ost-Jerusalem als Hauptstadt, führen. Folglich gingen sie davon aus, dass der Siedlungsbau ein Ende haben werde und Israel seine Truppen während der fünfjährigen Interimsperiode aus allen besetzten Gebieten (mit Ausnahme der Militärbasen, der Siedlungen und Ost-Jerusalems) abziehen werde.

Die *Israelis* hatten erwartet, dass der Friedensprozess ihren Sicherheitsbedürfnissen Rechnung tragen werde. Die israelischen Siedler, die in den besetzten Gebieten attraktiven Wohnraum zu günstigen Preisen erworben hatten, setzten darauf, dass die Palästinenser sich damit abfinden würden oder dass sie zumindest von den Soldaten beschützt würden. Die israelischen Bürger, die im „Kernland" westlich der grünen Linie – z. B. in Tel Aviv,

Haifa oder West-Jerusalem – leben, wollten ein normales Leben führen, unbesorgt in einen Bus steigen, auf dem Markt einkaufen oder eine Disko besuchen können.

Doch auf beiden Seiten setzten die Gegner eines Kompromissfriedens einen Teufelskreis von Gewalt und Gegengewalt in Gang, der den anfänglichen Optimismus in tiefes gegenseitiges Misstrauen verkehrte. Die „Spoiler" der ersten Stunde waren auf israelischer Seite national-religiöse Siedler, die das auserwählte Volk der Juden als einzig rechtmäßige Besitzer des von Gott verheißenen Heiligen Landes sehen, auf palästinensischer Seite radikale Islamisten, für die das ganze Palästina vom Mittelmeer bis zum Jordan und vom Berg Hermon bis zum Sinai zum Haus des Islam gehört. Ihnen traten weder die israelische Regierung noch die palästinensische Führung entschlossen entgegen. Sie beförderten im Gegenteil ihre Kalküle.

Die Asymmetrie in den Kräfteverhältnissen zwischen Israelis und Palästinensern erlaubte es Israel, eigenständig zu entscheiden, ob es die „Hauptressource" (Perthes 2006: 8), um die es im Friedensprozess ging, zum Zwecke der Konfliktlösung beisteuern sollte oder nicht: das israelisch besetzte Land, das die Palästinenser als ihr Staatsgebiet fordern. Als der Siedlungsbau nicht eingestellt, sondern forciert wurde, als der Rückzug der israelischen Truppen weit hinter dem vereinbarten Zeitplan zurückblieb und den größten Teil des Westjordanlandes unter israelischer Kontrolle beließ, schmolz der Vertrauensvorschuss, den die palästinensische Bevölkerung in „Oslo" investiert hatte. Sie glaubte nicht länger daran, dass ihr Verhandlungen alleine zu dem ersehnten unabhängigen Staat verhelfen würden, interpretierte die Expansion der Siedlungen als Kolonisierung des Territoriums, das ihr Staatsgebiet werden sollte, und somit als Fortsetzung (bzw. Wiederkehr) des historischen und gewaltsam ausgetragenen Konflikts zwischen Juden und Arabern um das Land als Ganzes (Diner 1991: 112) und zollte den Gewaltstrategien der Gegner von „Oslo" Beifall.

Solange es den Anschein hatte, dass die Palästinenser sich nicht endgültig von allen Formen des bewaffneten Kampfes verabschieden würden, zögerten alle israelischen Regierungen, ob von Rabin, Peres, Netanjahu oder Barak geführt, die vertraglich geforderten Rückzugsschritte so lange wie möglich hinaus, um nicht das Pfand aus der Hand zu geben, mit dem sie gegenüber den Palästinensern auf das Erbringen der Gegenleistung in Form von Sicherheit dringen konnten (Meyer 2001: 62).

Anstatt also „Land gegen Frieden" zu tauschen, wie 1991 in Madrid vereinbart, setzten beide Seiten ihre Konfliktstrategien fort: Landnahme gegen Terror. Sollte seitens der politischen Führungen die Einsicht bestanden haben, dass Landnahme bzw. Terror den Friedensprozess letztlich unterminieren würden, so waren sie dennoch nicht bereit, das Risiko einer Konfrontation mit ihren innenpolitischen Widersachern einzugehen. Sie hätten das Risiko mindern können, wenn sie die Mühe auf sich genommen hätten, ihre Gesellschaften auf die für einen Frieden erforderlichen Kompromisse vorzubereiten.

3.5   Rückkehr der Gewalt: die Al-Aqsa-Intifada

Der politische Prozess, der in Camp David und Taba die Konturen einer Verhandlungslösung hatte sichtbar werden lassen, fiel schließlich einer erneuten Erhebung der Palästinenser zum Opfer. Die Auseinandersetzungen, die als zweite Intifada/Al-Aqsa-Intifada in die Geschichte des Nahost-Konflikts eingegangen sind, begannen am 29. September 2000 in der Jerusalemer Altstadt und griffen binnen weniger Stunden auf das Westjordanland und den Gazastreifen über.

Über die „Schuld" an ihrem Ausbruch wird gestritten; über ihren Auslöser hingegen besteht weitgehend Klarheit: Am 28. September 2000 besuchte der israelische Oppositionsführer Ariel Scharon vom Likud den Tempelberg/Haram ash-Scharif in Jerusalem, dessen muslimische Heiligtümer von der islamischen Stiftung verwaltet werden (vgl. Kap. 4,1,5). Mit seinem Gang auf den Tempelberg präsentierte sich Scharon, der für das Amt des Regierungschefs zu kandidieren beabsichtigte, der israelischen Öffentlichkeit als „starker Mann", entschlossen, jüdische Präsenz auf heiklem Terrain zu demonstrieren. Die Palästinenser beantworteten die kalkulierte Provokation am folgenden Tag mit Steinwürfen gegen das tausendköpfige Polizeiaufgebot, das in Erwartung von Unruhen in die Altstadt beordert worden war. Die israelische Polizei schoss scharf. Der nachfolgende Aufstand in den besetzten Gebieten diente Scharon als Wahlkampfmunition. Er gewann die israelischen Wahlen am 7. Februar 2001 mit dem Versprechen, den

Aufstand binnen hundert Tagen zu beenden. Die arabisch-palästinensischen Bürger Israels boykottierten mehrheitlich die Wahl, weil sie zu Beginn des Aufruhrs wie Feinde im eigenen Land behandelt worden waren – bei Solidaritätskundgebungen für die rebellierenden Palästinenser in den besetzten Gebieten Anfang Oktober hatte die Polizei zwölf von ihnen erschossen (Rabinowitz/Ghanem/Yiftachel 2003: 60–65). Die jüdischen Israelis indes gingen zur Wahl und jagten Scharons Vorgänger Barak, dessen Verhandlungskurs in ihren Augen gescheitert war, buchstäblich aus dem Amt.

An der Gewalteskalation zerbrach schließlich der Friedensprozess. Scharon konnte sein Wahlversprechen indes nicht einlösen. Statt zu enden militarisierte sich der Aufstand, der als zivile Massenbewegung begonnen hatte. Vor allem aber änderte sich mit Scharons Amtsübernahme das Verhältnis von Verhandlungen und Gewalt grundlegend. Rabin, der sich 1993 zur Anerkennung der einst als Terrororganisation betrachteten PLO durchgerungen hatte, hatte für dieses Verhältnis die folgende Regel aufgestellt: „Verhandeln, als gäbe es keinen Terror, und den Terror bekämpfen, als gäbe es keine Verhandlungen". Seit Beginn des Friedensprozesses hatten Gewaltakte die Verhandlungen begleitet und belastet. Immer wieder wurden sie unterbrochen und die Palästinensischen Gebiete abgeriegelt, mit beträchtlichem Schaden für die Wirtschaft und die Lebensbedingungen der Palästinenser. In beiden Gesellschaften wuchs der Zweifel am Friedensprozess. Doch trotz allem waren die Parteien immer wieder an den Verhandlungstisch zurückgekehrt. Damit war es unter Scharon vorbei. Er de-

finierte das Verhältnis zu den Palästinensern als „Krieg"
und war entschlossen, diesen Krieg zu gewinnen.

Aus palästinensischer Sicht war die Al-Aqsa-Intifada
ein Aufstand gegen die Besatzung, obgleich die Milizen
ihre Attentäter auch in israelische Städte schickten. Aus
israelischer Sicht verteidigten die eigenen Streitkräfte auf
palästinensischem Territorium die Sicherheit Israels.

Israelis wie Palästinenser setzten diejenigen Waffen
ein, von denen sie ein Optimum an Wirkung erwarteten. Sie reichten von Attacken gegen militärische Ziele
bis zu Massenmorden an Zivilisten: Lokal operierende
und dezentral organisierte militante *palästinensische*
Gruppen attackierten im Gazastreifen und im Westjordanland israelische Soldaten und jüdische bewaffnete
oder unbewaffnete Siedler; die Angriffe ereigneten sich
an Militäranlagen, Straßensperren und Grenzkontroll-
punkten, in Siedlungen und auf den Straßen, die den
Siedlern vorbehalten sind. In israelischen Städten ver-
übten Selbstmordattentäter Bombenanschläge an Orten,
an denen die Bürger auf dem Weg zur Arbeit, beim Einkaufen oder in ihrer Freizeit zusammenkommen: Bus,
Markt, Diskothek, Pizzeria, Café. Die israelische Regierung nannte diese Attacken unterschiedslos Terror. Das
israelische Militär, unterstützt vom Inlandsgeheimdienst
Schin Beth, liquidierte Führungspersonen der militanten Gruppen und nahm dabei den Tod vieler Unbetei-
ligter in Kauf; es bombardierte die Institutionen der PA,
insbesondere deren Sicherheitskräfte, und die Infrastruktur zu Land, aus der Luft und von See; es belagerte und
besetzte die autonomen Städte, errichtete Straßensperren, durchkämmte die Flüchtlingslager und verhaftete

Verdächtige; es zerstörte Häuser, verwüstete Olivenhaine und Äcker. In den Augen der Palästinenser handelte es sich hierbei um Staatsterrorismus.

Am 8. Februar 2005 trat eine Waffenruhe in Kraft. Der Aufstand hatte bis zu diesem Tag 4 144 Menschen das Leben gekostet – 3 538 in den besetzten palästinensischen Gebieten einschließlich Ost-Jerusalems, 606 in Israel. An diesem Zahlenverhältnis lässt sich ablesen, dass es in den Auseinandersetzungen in erster Linie um die Zukunft der besetzten palästinensischen Gebiete ging. Dass die Palästinenser den Konflikt auch in das sogenannte israelische Kernland trugen, widerspricht dem nicht. Angesichts der zahlreichen zivilen Opfer unter den Palästinensern galten Anschläge in israelischen Städten unter den Palästinensern weithin als legitimer Ausdruck ihres Kampfes gegen die Besatzung, in dem sie nach herkömmlicher Berechnung der militärischen Kräfteverhältnisse chancenlos waren. Die asymmetrischen Kräfteverhältnisse schlugen sich auch in der Statistik nieder: 3 135 Todesopfer waren Palästinenser, 954 Israelis, 55 ausländische Staatsbürger (B'Tselem 2016d). Dass die Toten gezählt und namentlich sowie mit den Umständen ihres Todes genannt werden, lässt sich als Rest an Humanität in diesem kriegerischen Konflikt werten.

Der Höhepunkt der Auseinandersetzungen fiel in das Jahr 2002. Nach spektakulären Attacken von Fatah-Milizen gegen israelisches Militärpersonal in den besetzten Gebieten und Selbstmordanschlägen der Hamas in West-Jerusalem und Haifa rückten israelische Truppen in das Westjordanland ein, um die „Infrastruktur des Ter-

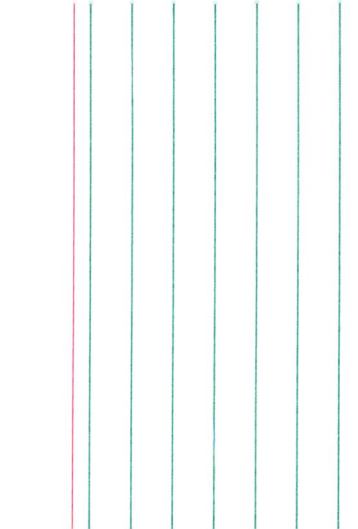

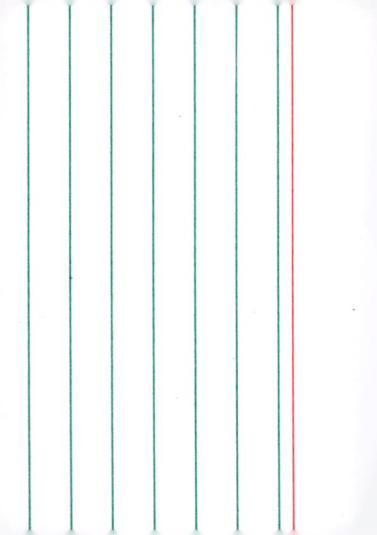

rors" zu zerschlagen. Die Operation „Schutzschild" war die vorerst größte israelische Militäroperation seit dem Libanonkrieg von 1982. Allein in diesem Jahr bezahlten 1 434 Menschen die Kämpfe mit ihrem Leben – die meisten von ihnen Palästinenser aus der Westbank.

Die Al-Aqsa-Intifada endete offiziell mit dem Abschluss eines Waffenstillstands zwischen Präsident Mahmud Abbas und Ministerpräsident Ariel Scharon am 8. Februar 2005. Israel stellte vorübergehend die Praxis der Zerstörung der Wohnhäuser von Terrorverdächtigen sowie die gezielten Tötungen von Führungspersonal militanter Organisationen (Johannsen 2004) ein. Der Waffenstillstand ersetzte vorerst die von Israel und dem Nahostquartett abverlangte Entwaffnung und Auflösung der palästinensischen Milizen (vgl. Kap. 5.2.1), vor der Abbas aus Furcht vor einem Bürgerkrieg zurückschreckte. Doch die Waffenruhe erwies sich als brüchig. Allerdings wurde in der Folgezeit der Gaza-Streifen zum Kerngebiet des palästinensischen Widerstands, während die Westbank von umfangreichen militärischen Operationen Israels weitgehend verschont blieb.

3.6   Kampf um Gaza

Im Gazastreifen hatten die bewaffneten Flügel der palästinensischen Widerstandsbewegungen 2001 begonnen, israelisches Territorium mit primitiven Raketen und Mörsergranaten zu beschießen. Ohne Lenksystem gestatteten diese Waffen keine Unterscheidung zwischen militärischen und zivilen Zielen. Israel nennt den Be-

schuss darum Terror. Dass er nur selten Menschenleben
forderte oder materiellen Schaden anrichtete, tat der
heroischen Inszenierung der Kämpfer keinen Abbruch.
Mit der Erhöhung der Reichweite wuchs die Bedrohung.
Der Beschuss ging auch nach dem israelischen Abzug aus
dem Gazastreifen im August/September 2005 (vgl. Kap.
4.1.2) weiter. Bis Ende 2016 registrierten die israelischen
Behörden über 18 000 auf israelisches Territorium abge-
feuerte Raketen und Mörsergranaten, mit Höhepunkten
während der israelischen Militäroffensiven in den Jahren 2008, 2012 und 2014 (Israel Ministry of Foreign Affairs 2016). Seit 2004 fanden 48 Menschen dabei den
Tod (B'Tselem 2016d). Die andauernden Attacken wurden zur Begründung einer Blockade des Gazastreifens,
mit der Israel versuchte, die dortige Macht der Hamas
zu brechen. Die Versorgung der Bevölkerung ließ sich
nur notdürftig über die Programme des Palästinahilfs-
werks UNRWA und humanitäre Soforthilfe sowie eine
auf Schmuggel beruhende Schattenökonomie aufrecht-
erhalten. Bau und Betrieb des weitverzweigten Tunnel-
systems boten der im Gazastreifen seit 2007 herrschen-
den Hamas (vgl. Kap. 4.2.1.2) über mehrere Jahre die
Möglichkeit zu demonstrieren, dass sie für die Bürger
Gazas sorgen konnte. Zugleich sicherten die Tunnel den
Waffennachschub für die Milizen. Deren Credo des bewaffneten Befreiungskampfes richtete sich aktuell gegen
die Blockade Gazas. Die erklärte Zielsetzung, Israel militärisch zur Aufgabe der Blockade zu bewegen, war zwar
illusionär. Aber sie bot der Hamas die Möglichkeit, sich
zweier grundverschiedener Legitimierungsstrategien zu
bedienen: Zum einen konnte sie mit der Fokussierung

auf die Blockade Israel für die enttäuschenden Resultate ihrer Regierungstätigkeit in Haftung nehmen. Zum anderen konnte sie ihr Profil als Widerstandsbewegung pflegen und als solche im Wettstreit mit den anderen militanten Gruppierungen bestehen, die mangels Regierungsambitionen weniger Rücksicht auf die Bevölkerung nehmen mussten, die stets den Preis für eine der Kontrolle entgleitende Eskalation zahlte.

Seit dem israelischen Abzug 2005 wurde der Gazastreifen mehrfach Schauplatz israelischer Militäroperationen unterschiedlicher Dauer und Intensität: Operation „Summer Rains" und Operation „Autumn Clouds" 2006, Operation „Cast Lead" 2008/09, Operation „Pillar of Defence" 2012 und Operation „Protective Edge" 2014. Die jüngste israelische Militäroffensive war mit 50 Tagen Dauer, über 2 200 Todesopfern und Sachschaden in Höhe von acht Milliarden US-Dollar der bisher längste, blutigste und verheerendste Feldzug Israels gegen den Gazastreifen und die ihn regierende Hamas. Er endete am 26. August 2014 mit einer unbefristeten Waffenruhe. Beide Seiten reklamierten den Sieg für sich.

6 943 Menschen bezahlten seit dem offiziellen Ende der Al-Aqsa-Intifada bis zum 30. November 2016 mit dem Leben: 6 661 Palästinenser, 268 Israelis und 19 ausländische Staatsbürger. In der Al-Aqsa-Intifada waren von den über 4 000 Toten fast ein Viertel Israelis gewesen. Das Ende des Aufstands verschaffte mithin in erster Linie der israelischen Bevölkerung eine Atempause: Während die Palästinenser den israelischen Luftangriffen schutzlos ausgesetzt waren, gehörten die Selbstmordattentate, die während der Al-Aqsa-Intifada die effek-

tivste Waffe der Militanten gewesen waren und mehrere hundert Israelis das Leben gekostet hatten, der Vergangenheit an. Der Beschuss aus dem Gazastreifen zwang die Israelis zwar, Luftschutzkeller aufzusuchen. Aber fast immer kamen sie mit dem Schrecken davon, zumal das Raketenabwehrsystem „Iron Dome" während der Operation „Protective Edge" 2014 recht erfolgreich war. Der Raketenbeschuss ist seitdem deutlich zurückgegangen: 30 Einschläge wurden 2015 registriert, 17 vom 1. Januar bis zum 31. Oktober 2016 (Israeli Security Agency 2016).

4
Konfliktanalyse

Das folgende Kapitel informiert über die wichtigsten Sachfragen, um die im Nahost-Konflikt gestritten wird, über die Streitparteien und weitere Staaten bzw. internationale Organisationen, die sich in diesem Konflikt stark engagieren und Einfluss auf seinen Verlauf nehmen. Dabei lassen sich Vorgriffe und Rückverweise nicht vermeiden. Denn Streit über Sachfragen ist ohne Berücksichtigung der Streitenden nicht darstellbar, und Akteure lassen sich in ihrem konkreten Handeln von Interessen leiten, die ihren Umgang mit den Sachfragen leiten.

4.1   Konfliktgegenstände

4.1.1   Staatlichkeit/Autonomie

Auch ohne eigenen Staat verfügen die Palästinenser über eine voll ausgebildete nationale Identität. Sie entstand in der Auseinandersetzung mit den Folgen des britischen Kolonialismus und der zionistischen Einwanderung und festigte sich im Kampf gegen die Besatzung und um nationale Selbstbestimmung. An den Friedensprozess der 1990er Jahre knüpften die Palästinenser die Erwartung, einen souveränen Staat Palästina gewaltfrei zu erstreiten. Das gelang nicht. Zwar erhielten sie im Westjordanland und im Gazastreifen mit der Errichtung der Palästinensischen Autonomiebehörde (PA) im Jahr 1994 eine begrenzte Selbstverwaltung. Doch sie lebten weiterhin im Herrschaftsgebiet Israels (vgl. Kap. 3.3.3).

Gleichwohl verfügte das palästinensische Gemeinwesen bereits zwei Jahre nach der Errichtung der PA über wesentliche Merkmale eines Staates (Asseburg 2002: 176 f.). Während der Interimsperiode gelang der Aufbau von Strukturen staatlichen Charakters. Das Autonomiegebilde besaß mit der PA eine Herrschaftsordnung (Staatsgewalt) für das dauerhafte Zusammenleben der arabischen Bevölkerung (Staatsvolk) im Westjordanland und im Gazastreifen (Territorium). Allerdings sind diese Merkmale bis heute nicht vollständig ausgebildet: Unter den der PA zur eigenverantwortlichen Regelung zugestandenen Herrschaftsbereichen fehlen die für einen souveränen Staat wesentlichen Politikfelder Verteidigung, Außenpolitik und außenwirtschaftliche Beziehungen; zudem besitzt die PA keine Kontrolle über strategische Ressourcen wie Wasser und Boden. Das von ihr regierte Staatsvolk umfasst nicht jene Mehrzahl der Palästinenser, die im Zuge der kriegerischen Auseinandersetzungen 1947/49 und 1967 ins Ausland flohen und die bzw. deren Nachkommen seit Jahrzehnten – häufig als Staatenlose – in der Diaspora leben. Das von ihr verwaltete Territorium ist in höchstem Maße zersplittert. Es besteht aus zwei geografisch unverbundenen Teilen, Gazastreifen und Westjordanland. Zu der territorialen Trennung kam im Juni 2007 eine politische Spaltung. Eine von Hamas geführte Regierung übernahm die Macht im Gazastreifen, während das Westjordanland weiterhin von Präsident Mahmud Abbas mit einem von Fatah dominierten Kabinett regiert wurde. Überdies ist das Westjordanland von israelischen Militär- und Sicherheitszonen, einer Vielzahl jüdischer Siedlungen und einem den Siedlern vorbehaltenen Straßennetz sowie Hunderten von Straßensperren durchzogen, so dass es einem „Flickenteppich" gleicht.

Unter fortgesetzter Besatzung war die PA nur begrenzt in der Lage, mit Polizei und Justiz für die Einhaltung der Gesetze zu sorgen. Zwar konnten die palästinensischen Sicherheitskräfte, teilweise in Kooperation mit ihren israelischen Kollegen, bis zum Beginn der Al-Aqsa-Intifada die innere Ordnung in den Palästinensischen Gebieten im Großen und Ganzen aufrecht erhalten. Sie erfüllten folglich ihren staatspolitischen Zweck. Aber bei der ihnen gleichfalls zugedachten Bekämpfung der innerpalästinensischen Opposition gegen „Oslo" waren sie nur begrenzt erfolgreich. Zum einen untergruben die dabei angewandten polizeistaatlichen Methoden die Rechtssicherheit in den Autonomiegebieten, zum anderen gelang es nicht, Gewaltakte vollständig zu unterbinden.

Im Laufe der Al-Aqsa-Intifada unterminierten die bewaffneten Kräfte von Fatah und Hamas sowie des Islamischen Dschihad das Gewaltmonopol der Autonomiebehörde. Dazu trug auch bei, dass das israelische Militär bei seiner Bekämpfung des Aufstandes die staatlichen Einrichtungen – auch und gerade die der Sicherheitsorgane – zu großen Teilen zerstörte, mit der Begründung, die PA unternehme nichts gegen den Terror, unterstütze ihn sogar. Seit der Operation „Schutzschild" im Jahr 2002, als israelische Truppen nach einer Serie von Anschlägen die Autonomiegebiete wieder besetzten und seither gelegentlich auch in der sogenannten A-Zone operieren, stellt Israel das Gewaltmonopol der PA explizit in Frage.

Daran änderte auch das Ende der Al-Aqsa-Intifada nichts. Die 2005 begonnene Reform des Sicherheitssektors verfolgte zwar das Ziel, Ruhe und Ordnung in den besetzten Gebieten wiederherzustellen. Aber mit der von den USA und der EU unterstützten Reform verband Israel auch die Erwartung einer Berücksichtigung seiner eigenen Sicherheitsinteressen, namentlich des in den besetzten Gebieten stationierten Militärs und der Bewohner der jüdischen Siedlungen (Johannsen 2014: 225 f.). Dazu hatte sich die PA mit ihrer Zustimmung zur „Road Map" des Nahost-Quartetts (EU, USA, Russland, UNO) verpflichtet, auch wenn dieser Fahrplan zu einem Friedensschluss von 2003 rechtlich gesehen nicht bindend war. Solange die palästinensischen Sicherheitskräfte die Erwartungen Israels nicht erfüllten, nahmen die Besatzungsorgane dies in die Hand und tun es bis heute.

Auch die Fähigkeit der PA zur Durchsetzung rechtsstaatlicher Verhältnisse in den Gebieten unter ihrer Kontrolle steht in Frage. Gegen oppositionelle Gruppierungen wie Hamas und Islamischer Dschihad gehen ihre Sicherheitskräfte mit aller Härte vor. Ihr Vorgehen gegen die aus der regierenden Fatah stammenden versprengten Zellen der Al-Aqsa-Märtyrer-Brigaden war hingegen nur begrenzt erfolgreich. Der illegale Waffenbesitz dieser inzwischen als *Outlaws* bezeichneten Kämpfer ist eine historische Hypothek aus der Al-Aqsa-Intifada und geeignet, Zweifel an der legitimen Gewaltkontrolle der PA zu nähren (Friedrich-Ebert-Stiftung East Jerusalem 2016). Den sich seit 2015 häufenden unorganisierten gewaltsamen Übergriffen von Palästinensern gegen Israelis hat die PA nichts entgegenzusetzen.

Die mangelhafte Gewaltkontrolle in den Palästinensischen Gebieten wurde von der israelischen Rechten, die seit 2001 die Ministerpräsidenten stellte, als Argument benutzt, um der Wiederaufnahme von Verhandlungen eine Absage zu erteilen. Sie hatte sich ohnehin nur äußerst widerstrebend und unter dem Druck der USA auf die Vorstellung eingelassen, es könnte dereinst einen palästinensischen Staat westlich des Jordan geben; sie hätte es vorgezogen, das Streben der Palästinenser nach nationaler Selbstbestimmung mit dem Zugeständnis einer begrenzten Autonomie zu befriedigen. Als auch Israel die „Road Map" im Grundsatz billigte, akzeptierte es damit prinzipiell auch einen palästinensischen Staat als wesentlichen Baustein eines Friedensschlusses. Offen blieben allerdings sein Zuschnitt und seine Kompetenzen. Israels Weigerung, darüber zu verhandeln, erhielt 2006 nach dem palästinensischen Regierungswechsel neue Nahrung. Denn Israel betrachtete die neue von der Hamas geführte Regierung als Terrorregime, mit dem es Verhandlungen ausschloss.

Erst die innerpalästinensische Spaltung machte nach sieben Jahren Stillstand den Weg zu neuen Verhandlungen frei, denn mit der von Abbas unter Ausschluss der Hamas ernannten Notstandsregierung besaßen die Palästinenser wieder eine Führung, die Israel als Verhandlungspartnerin zu akzeptieren bereit war. Der Startschuss für die Verhandlungen fiel am 27. November 2007 im amerikanischen Annapolis. Von greifbaren Fortschritten, die ein Abkommen zur Gründung eines palästinensischen Staates in erreichbare Nähe gerückt hätten, waren die Kontrahenten allerdings auch ein Jahr später, als sie der Gaza-Krieg um die Jahreswende 2008/2009 unterbrach, noch immer weit entfernt. Auch die späteren von den USA vermittelten Verhandlungsrunden, schwer belastet von israelischen Siedlungsoffensiven, endeten ergebnislos. Zwar befürwortet der langjährige israelische Regierungschef Benjamin Netanjahu seit 2009 im Grundsatz die Gründung eines unabhängigen palästinensischen Staates (Israel Ministry of Foreign Affairs 2009), doch blieben die Vorstellungen der Konfliktparteien über dessen territoriale Zuschnitt unvereinbar.

Angesichts der Verhandlungsblockade beschloss die PA, aus eigenen Stücken internationale Anerkennung für einen Staat Palästina zu erlangen. Unter der Regie

von Ministerpräsident Salam Fayyad, einem vormals für
die Weltbank und den Internationalen Währungsfonds
tätigen Wirtschaftswissenschaftler, machte die PA sich
daran, staatliche Institutionen aufzubauen. Nach Ablauf von zwei Jahren bescheinigten ihr Weltbank (World
Bank 2011b) und Internationaler Währungsfonds (International Monetary Fund 2011) den Erfolg ihres Bemü-
hens. Dass der Staatsaufbau die israelisch kontrollierte
ressourcenreiche C-Zone aussparen musste und lediglich für den Flickenteppich der A- und B-Zonen eine ef-
fektivere Verwaltung schuf, trübte allerdings die Erfolgs-
bilanz.

Mit dem Zeugnis von Weltbank und Internationalem
Währungsfonds im Rücken beantragte Präsident Abbas
die Aufnahme von Palästina als Vollmitglied in die Vereinten Nationen. Dieser Versuch scheiterte an den
USA, die im Sicherheitsrat ein Veto ankündigten. Aber
die zweitbeste Option gelang: Am 29. November 2012,
65 Jahre nach Verabschiedung der UN-Teilungsresolution, beschloss die UN-Vollversammlung, Palästina den
Status eines UN-Beobachterstaats zuzuerkennen. Darüber hinaus erhöhte sich die Zahl der Staaten, die Palästina bilateral als souveränen Staat anerkennen, auf 136
von insgesamt 193 UN-Staaten. Zu ihnen gehört als einziger EU-Staat Schweden. Doch in einer Reihe europäischer Staaten haben deren Parlamente die Regierungen
zu einer förmlichen Anerkennung des Staates Palästina
aufgefordert: das britische Parlament am 13. Oktober,
das spanische am 19. November, das französische am
3. Dezember, das irische am 10. Dezember und das por-
tugiesische am 13. Dezember 2014. Das Europäische Par-

lament folgte am 17. Dezember 2014 mit einer Erklärung, es unterstütze „im Prinzip" die Anerkennung und eine Zweistaaten-Lösung, forderte zugleich aber Verhandlungen voranzutreiben.

Parlamentarische Initiativen wie diese sind rechtlich unverbindliche Gesten, denn die Aufnahme diplomatischer Beziehungen ist Regierungssache. Vor allem aber bestehen die faktischen Einschränkungen der palästinensischen Souveränität und damit die Zweifel an Palästinas Staatlichkeit im staatsrechtlichen Sinne fort. Dennoch erlaubt ihm sein neuer Status in den Vereinten Nationen den Beitritt zu zahlreichen internationalen Abkommen. Bis zum 17. Juli 2015 trat Palästina insgesamt 18 Konventionen, Verträgen und Unterorganisationen der Vereinten Nationen bei, darunter die vier Genfer Konventionen von 1949 und die drei Zusatzprotokolle von 1977 – Kernstücke des humanitären Völkerrechts. Am 31. Dezember 2014 krönte Abbas seine diplomatische Offensive vorerst mit der Ratifizierung des Rom-Statuts, die am 1. April 2015 rechtswirksam wurde, und machte Palästina damit zum 123. Mitglied des Internationalen Strafgerichtshofs (IStGH). Israel wertete die diplomatische Offensive der PA als einseitigen Akt, der mit Verhandlungen unvereinbar sei. Es nahm insbesondere Anstoß am Beitritt zum IStGH. Palästina könnte Israel seither wegen Straftaten belangen, die ihm in seiner Besatzungspolitik zur Last gelegt werden. Allerdings ist Israel dem Rom-Statut ferngeblieben. Es bedürfte eines Beschlusses des UN-Sicherheitsrats, um Israel vor das Gericht zu zitieren. Mit einem solchen Beschluss ist nicht zu rechnen, da die USA erfahrungsgemäß von

ihrem Vetorecht Gebrauch machen würden (vgl. Kap.
4.2.2.1). Wie die Klagen der PA beim IStGH gegen Israel
wegen Kriegsverbrechen in der Operation „Protective
Edge" 2014 im Gazastreifen sowie wegen eines tödlichen
Brandanschlags jüdischer Siedler auf eine palästinensische Familie im Westjordanland im Juli 2015 zeigen, will
sie dieses Instrument trotzdem nutzen (vgl. 4.2.1.1).

Die diplomatische Offensive von Präsident Abbas war
in der Bevölkerung zunächst populär. Indes währte der
Optimismus des Jahres 2012 nicht lange. Ihrem Ziel nationaler Selbstbestimmung in einen eigenen souveränen
Staat sind die Palästinenser trotz ihrer Erfolge auf dem
internationalen Parkett nicht nähergekommen. Auch
wenn über zwei Drittel aller UN-Mitgliedstaaten ihn diplomatisch anerkannt hat: für eine vollgültige Souveränität muss die Besatzung enden.

Der Weg dorthin ist umstritten. Die israelische Regierung beharrt auf bilateralen Verhandlungen. Die PA hofft
auf internationale Unterstützung und setzt zugleich ihre
bisherige Strategie fort: Zusammenarbeit und Koordination mit Israel in Sicherheitsfragen und gelegentliche diplomatischer Scharmützel zur Demonstration ihres Fest-
haltens am Ziel palästinensischer Eigenstaatlichkeit im
Rahmen eines zweistaatlichen Arrangements. In palästinensischen Expertenkreisen werden verschiedene gewaltlose Strategien diskutiert, die von zivilem Widerstand vor Ort bis zur Vernetzung mit der internationalen
BDS-Kampagne zum Boykott israelischer Produkte, In-
vestitionsentzug und Sanktionen gegen Israel reichen
(BDS-Kampagne 2016). In der Bevölkerung aber hat
die Option des bewaffneten Widerstands als effektivste

Strategie zur Erlangung nationaler Rechte erneut an Popularität gewonnen (Shikaki 2016: iii). Nicht als Strategie, sondern eher als Ausdruck von Frustration über ein Leben in Armut und Unfreiheit ohne Aussicht auf Besserung lassen sich die unorganisierten gewaltsamen Übergriffe von Palästinensern in Ost-Jerusalem und im Westjordanland werten (ILO 2016: 11). Polizei und Militär antworten mit oft tödlichem Schusswaffengebrauch.

4.1.2 Territorium/Grenzen

Nach Abschluss des israelischen Truppenabzugs vom März 2000 befanden sich 65 Prozent des Gazastreifens und 17,1 Prozent des Westjordanlandes – die so genannten A-Zonen – unter palästinensischer Souveränität, d. h. hier besaß die Autonomiebehörde die Verwaltungshoheit und die Zuständigkeit für Sicherheitsfragen. In 23,9 Prozent des Westjordanlandes – den B-Zonen – lag die Zuständigkeit für die Administration und die innere Ordnung in den Händen der PA, in Sicherheitsfragen hingegen in letzter Instanz beim israelischen Militär. Damit unterstanden zwar 98 Prozent der palästinensischen Bevölkerung der PA. Aber in territorialer Hinsicht verblieben 59 Prozent des Westjordanlandes und 35 Prozent des Gazastreifens unter ausschließlich israelischer Kontrolle.

Auf dem Gipfeltreffen von Camp David im Sommer 2000 erwiesen sich die Vorstellungen der Konfliktparteien über Umfang und Zuschnitt des künftigen palästinensischen Staatsgebiets als unvereinbar. Der israelische

Vorschlag sah die Annexion von 69 jüdischen Siedlungen samt Umland im Umfang von rund einem Zehntel des Westjordanlandes vor, was etwa 85 Prozent der Siedler unter israelischer Souveränität belassen hätte. Die zu mehreren territorialen Blöcken zusammengezogenen Siedlungen hätten in Verbindung mit der außerdem vorgesehenen israelischen Militärzone im Jordangraben das palästinensische Territorium faktisch dreigeteilt. In den Augen der Palästinenser wäre dies einer drastischen weiteren Einschränkung ihrer ohnehin nicht vollständigen Souveränität gleichgekommen.

Während die israelische Seite ihren Vorschlag als großzügiges Angebot betrachtete, hatten die Palästinenser aus ihrer Sicht die wesentlichen Zugeständnisse bereits erbracht: Sie hatten mit der Anerkennung der Grenzen von 1967 akzeptiert, dass vom Territorium des ehemaligen britischen Mandatsgebietes Palästina 78 Prozent auf Israel entfallen und der Staat Palästina sich mit den restlichen 22 Prozent begnügen würde. Weitere territoriale Konzessionen, wie sie die Annahme des israelischen Vorschlags erfordert hätte, betrachtete die palästinensische Delegation als Zumutung. Sie wollte sich allenfalls auf einen Gebietstausch einlassen, der eine Arrondierung der israelischen Siedlungsgebiete ermöglicht hätte. Der ein halbes Jahr später erreichte Gesprächsstand in Taba demonstrierte, dass bei gutem Willen eine Einigung in der Grenzfrage möglich gewesen wäre (vgl. Kap. 3.3.4).

Israel wählte jedoch einen anderen Weg und begann 2002, seine territorialen Vorstellungen einseitig in die Praxis umzusetzen. Mittel zum Zweck war eine Barriere im Westjordanland. Die Idee eines bewachten Sicherheitsstreifens zwischen Israel und den Palästinensischen Gebieten stammt vom ehemaligen israelischen Regierungschef Yitzhak Rabin, der sich davon Schutz vor palästinensischen Terroranschlägen versprach. Ariel Scharon setzte diese Idee in die Tat um. Seit die Sperranlage gebaut wird, ist es in Kombination mit anderen Maßnahmen der Terrorbekämpfung, z. B. Waffenruhen oder gezielten Tötungen militanter Palästinenser, in der Tat gelungen, die Zahl der Terroranschläge auf israelischem Territorium deutlich zu senken. Die israelische Regierung bezeichnete die Barriere ursprünglich als vorläufige Sicherheitsmaßnahme. Sie diene nicht dazu, die Grenzen Israels festzulegen und sei revidierbar, wenn Israels Sicherheitslage es erlaube.

Anstatt der „Grünen Linie" zu folgen, die auf 350 Kilometer Länge Israel und das Westjordanland trennt, verläuft die Route der Sperranlage auf 712 Kilometern zumeist östlich davon (OCHA 2014) und reicht streckenweise weit in palästinensisches Gebiet hinein, mit dem Ergebnis, dass jüdische Siedlungen mit ca. 85 Prozent der Siedler auf der westlichen Seite der Sperranlage zu liegen kommen. Aus Sicht der Palästinenser dient die Sperranlage als Instrument zur weiteren Beschlagnahme palästinensischen Territoriums und Vertreibung der westlich der Sperranlage wohnhaften palästinensischen Bevölkerung. Unmittelbar betroffen sind auch die östlich der Sperranlage in deren unmittelbarer Nachbarschaft lebenden Palästinenser, die auf den Zugang zum Gebiet auf der anderen Seite der Barriere, der sogenannten „Seam Zone", angewiesen sind, weil sich dort ihr Land, ihre Brunnen oder ihre Arbeitsplätze befinden.

Wenn die Sperranlage wie geplant fertiggestellt ist, wird sie etwa ein Zehntel des Westjordanlandes abgetrennt haben (B'Tselem 2016a), überwiegend Land mit wertvollen Wasserressourcen (vgl. Kap. 4.1.3). Die Route der Sperranlage hat international ein äußerst kritisches Echo gefunden. Am 9. Juli 2004 gab der Internationale Gerichtshof in Den Haag ein Rechtsgutachten zur Sperranlage ab (ICJ 2004). Darin wird festgestellt, dass die Barriere die Menschenrechte der Palästinenser und ihr Recht auf Selbstbestimmung verletze. Israel habe zwar das Recht und die Pflicht, seine Bürger gegen Terror zu schützen. Aber die Maßnahmen müssten in Übereinstimmung mit dem Völkerrecht erfolgen. Die Richter verlangten von Israel, den Sperrwall wieder abzureißen und die betroffenen Palästinenser zu entschädigen und riefen alle Staaten auf, Israel zur Beachtung des Völkerrechts anzuhalten. Gemeinsam mit israelischen und internationalen Friedensaktivisten wehren sich die von der Sperranlage Geschädigten seit Jahren in gewaltfreien Kampagnen gegen den Verlust ihres Landes. Teilerfolge vor Gericht führen mitunter zu Änderungen der Route. Der mäßigende Einfluss des Obersten Gerichtshofes hatte eine paradoxe Wirkung: Wenn einzelne Betroffene Recht erhielten und der Verlauf der Sperranlage modifiziert wurde, erhöhte sich deren vermeintliche Legitimität (Weizman 2008: 191 f.).

In Israel ist die Sperranlage populär, weil sie in den Augen der meisten Israelis ihrer Sicherheit dient. Zudem steht sie für das Konzept der Trennung zwischen den beiden Völkern, das Ariel Scharon seinerzeit zu seinem politischen Programm erklärt hatte. Im Gazastreifen war das Konzept der Trennung bereits 2005 Wirklichkeit geworden. Im August räumte Israel seine dortigen Siedlungen, im September zogen auch die Soldaten ab. Israel kontrolliert zwar weiterhin die Grenzen des Gazastreifens und beansprucht auch die Kontrolle der Küstengewässer und des Luftraums. Überdies behielt es sich das Recht vor, gegebenenfalls militärisch zu intervenieren, wenn es dies im Interesse seiner Sicherheit für erforderlich halten sollte. Aber nach Abschluss der großen Militäroperationen „Summer Rains" und „Autumn Clouds" 2006, „Cast Lead" 2008/09, „Pillar of Defence" 2012 und „Protective Edge" 2014 zog die Armee jedesmal wieder ab. Von einer Wiederbesetzung nahm Israel Abstand und es hat nicht den Anschein, als werde Israel im Gazastreifen wieder Truppen stationieren.

Die Räumung des Gazastreifens mit seinen damals 1,5 Millionen Einwohnern lag im strategischen Interesse Israels. Mit dieser Maßnahme, die den Palästinensern rund sechs Prozent des palästinensischen Territoriums – ein Gebiet etwa so groß wie das Bundesland Bremen – überließ, hatte Israel sich zugleich von 37 Prozent der in den besetzten Gebieten lebenden Palästinenser getrennt. Auf diese Weise war es der Lösung des „demographischen Problems" ein gutes Stück näher gekommen. Damit ist das rasche Bevölkerungswachstum der Palästinenser gemeint, in dessen Folge sie gemäß demografischen Prognosen in dem Gebiet zwischen Jordan und Mittelmeer früher oder später in der Mehrzahl sein werden. Für Israel als Besatzungsmacht erwächst daraus ein Dilemma: Ein Zustand, in dem eine Minderheit über eine Mehrheit herrscht, ist mit einer Demokratie unvereinbar und darum für Israel, das sich als jüdischer *und* demokratischer Staat versteht, auf Dauer unhaltbar.

4.1.3 Wasser

Ein wesentliches Element des territorialen Streits im Nahost-Konflikt ist die Konkurrenz um die lebenswichtige Ressource Wasser im Jordanbecken. Darunter ist das Gebiet zu verstehen, das vom Jordanflusssystem und den Grundwasservorkommen des Westjordanlandes gespeist wird. Die Frage der Verfügungsgewalt über Wasser geht weit über das bilaterale Verhältnis zwischen Israel und den Palästinensern hinaus und betrifft neben diesen auch Jordanien, Syrien und den Libanon. Bei den Wasservorkommen im Jordanbecken unterscheidet man zwischen Oberflächengewässern und Grundwasservorkommen (Aquifere). Die Oberflächengewässer im Jordanbecken sind der Jordan, dessen Quellflüsse Dan, Hasbani und Banias, der Yarmuk und der vom Jordan durchflossene See Genezareth. Die Quellflüsse des Jordan entspringen im Golangebirge – der Dan auf israelischem Staatsgebiet, der Hasbani im Südlibanon und der Banias auf syrischem, von Israel seit 1967 besetztem Territorium. Der See Genezareth liegt nach israelischer Interpretation der Rechtslage gänzlich auf israelischem Hoheitsgebiet, nach syrischer Auffassung hingegen besitzt Syrien Anrainerrechte am östlichen Seeufer. Südlich des Sees fließt der Yarmuk in den Jordan; seine wichtigsten Quellen liegen auf syrischem Territorium, er bildet für einige Kilometer die Grenze zwischen Jordanien und

Syrien, verläuft in seinem unteren Abschnitt entlang den israelisch besetzten Golan-Höhen und bildet vor Erreichen des Jordans schließlich die Grenze zwischen Jordanien und Israel. Der untere Jordan ist der Grenzfluss zwischen Israel und Jordanien bzw. trennt das Westjordanland und Jordanien, bevor er in das Tote Meer mündet. Die bedeutendsten Grundwasservorkommen der Region liegen im Westjordanland. Sie speisen sich aus den Niederschlägen über dessen Bergen. Der westliche und der nördliche Aquifer übertreten unterirdisch die Grenzlinie zu Israel. Auch bei diesen Ressourcen handelt es sich mithin um grenzüberschreitende Gewässer.

Im Jordanbecken steht der Ausstattung mit natürlichem Frischwasser eine beständig wachsende Gesamtnachfrage, bewirkt durch überdurchschnittlichen Bevölkerungszuwachs, industrielle und landwirtschaftliche Expansion, hohe Verstädterungsraten und zunehmenden Lebensstandard gegenüber, die das begehrte Gut stark beansprucht. Der ungelöste Nahost-Konflikt verhinderte bisher ein einvernehmliches Wassermanagement unter Beteiligung aller Konkurrenten um die vorhandenen Ressourcen. Dass dies in absehbarer Zeit gelingen könnte, erscheint im Lichte der regionalen Destabilisierung, insbesondere des syrischen Bürgerkrieges und seiner grenzüberschreitenden Folgen, mehr als fraglich.

Denn die Mehrzahl der Wasserressourcen befindet sich in Gebieten, deren Besitz politisch umstritten ist. Um die Oberflächengewässer des Jordanbeckens konkurrieren Israel, Syrien, Jordanien und der Libanon sowie die Palästinenser, um die Nutzung der Grundwasservorkommen des Westjordanlandes Israel und die Paläs-

Karte 5   Wasservorkommen im Jordanbecken

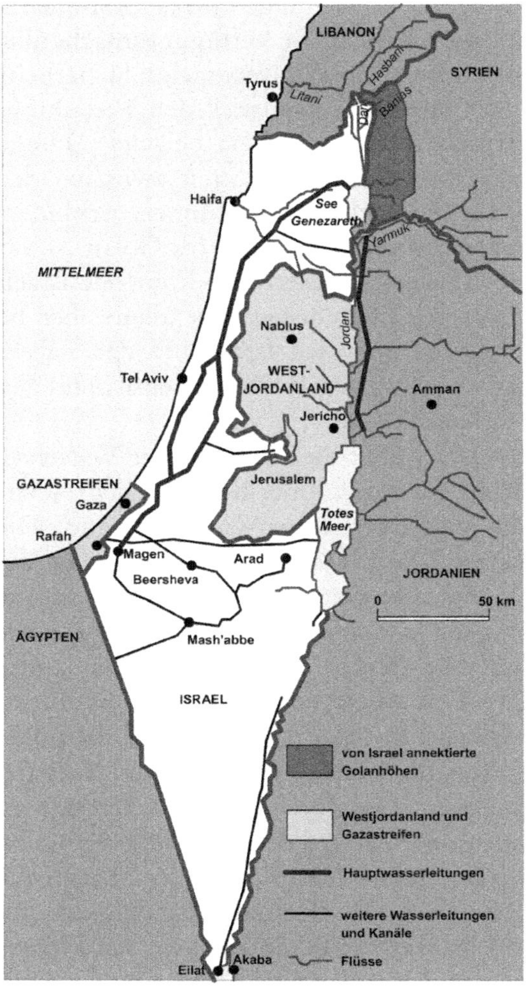

Quelle: Eigene Darstellung auf Grundlage von PASSIA.

tinenser. Infolge der das Angebot an erneuerbaren Vorkommen übersteigenden Nachfrage und der komplexen geopolitischen Lage stellt sich die Verfügungsmacht über die Wasserressourcen als gesamtregionales Sicherheitsproblem dar. Mit Jordanien hat Israel den Verteilungskonflikt im Friedensvertrag von 1994 beigelegt. Hingegen hat der ungelöste territoriale Streit zwischen den anderen Konfliktparteien bislang Lösungen verhindert. Der Zugriff auf die Wasserressourcen im Golan ist verknüpft mit militärischen Aspekten der Kontrolle Israels bzw. Syriens über die Höhenzüge. Vor allem aber berührt die Konkurrenz zwischen Israel und den Palästinensern um das Grundwasser des Westjordanlandes den Kern des Nahostkonflikts.

Heute sichert Israel über die Hälfte seiner Wasserversorgung durch die Kontrolle über die syrischen Golan-Höhen und das palästinensische Westjordanland. Die Kontrolle über die Golan-Höhen verhindert, dass der Oberlauf des Jordan und damit der regionale Frischwasserspeicher, der See Genezareth, von Syrien manipuliert werden können. Die Besatzung des Westjordanlandes verschafft Israel die physische Kontrolle über die Entstehungsgebiete des dortigen Grundwassers und die politische Kontrolle über die Konkurrenten um die Nutzung dieser Wasserreserven. Die durch die Oslo-Verträge geschaffenen Institutionen geben der Kontrolle rechtliche Gestalt. Auf beiden Seiten der grünen Linie liegen die günstigsten Bohrzonen für Brunnen. Israel nutzt auf der Basis der Oslo-Verträge 80 Prozent des Grundwassers, zum einen durch ein Brunnensystem, das die nach Westen abfließenden Wasserströme östlich und westlich

Karte 6 Wasservorkommen im Westjordanland

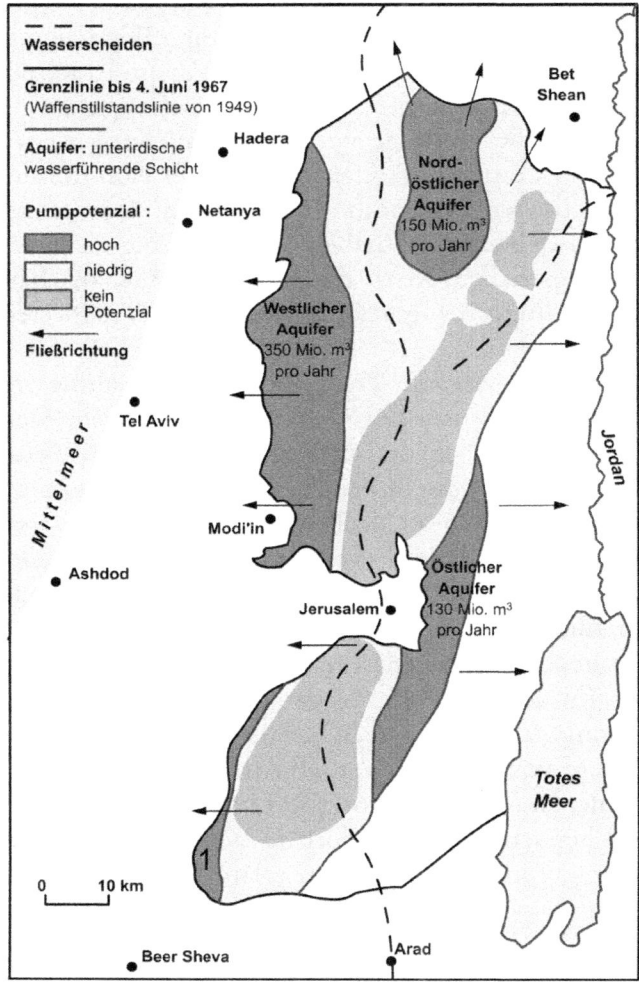

Quelle: Eigene Darstellung auf Grundlage von MidEastWeb.

der grünen Linie abschöpft, zum anderen durch lokales Brunnenwasser zur Versorgung der jüdischen Siedler. Über das israelisch-palästinensische Joint Water Committee (JWC) hat Israel de facto eine Vetoposition. Sie kommt vor allem bei der niedrigen Genehmigungsrate palästinensischer Anträge zur Neuerschließung im ertragreichen westlichen Aqifer sowie bei der Konditionierung israelischer Zustimmung zum Tragen: Anträge der Palästinenser beim JWC haben nur dann eine reelle Genehmigungschance, wenn israelische Anträge, die häufig den Siedlungen zugutekommen, ebenfalls reüssieren (Selby 2013: 17).

Infolgedessen ist die Pro-Kopf-Wasserentnahme seitens der Palästinenser seit Oslo weiter gesunken. Den Fehlbedarf versuchen sie mit Regenwasser und Zukauf von Trinkwasser von israelischen Wasserfirmen zu extrem hohen Preisen zu decken. Das Ergebnis ist eine extreme Asymmetrie im Pro-Kopf-Wasserkonsum. Der jährliche israelische Verbrauch an Trinkwasser sowie Wasser für Industrie und Landwirtschaft liegt fast fünfmal so hoch wie der palästinensische Gesamtwasserverbrauch im besetzten Westjordanland, die Trinkwasserversorgung der palästinensischen Bevölkerung deutlich unter dem von der Weltgesundheitsorganisation WHO empfohlenen Minimum von 100 Litern. Akuter Wassermangel herrscht vor allem dort im Westjordanland, wo die Bevölkerung nicht an das reguläre Wassernetz angeschlossen ist, sowie im Gazastreifen.

Hier steht die Versorgung der Bevölkerung mit Wasser in hinreichender Menge und von akzeptabler Qualität vor besonderen Herausforderungen:

⇨ Der Küstenaquifer, die einzige verfügbare Trinkwasserressource, ist für die Trinkwasserversorgung kaum noch nutzbar, weil dort seit Jahren infolge von andauernder Übernutzung Meerwasser eindringt und obendrein ungeklärtes oder unzureichend geklärtes Abwasser ins Meer eingeleitet wird. Über 90 Prozent der Bevölkerung ist auf entsalzenes Wasser, angeboten von privaten Händlern, angewiesen.

⇨ Im Gazakrieg 2014 sind neben Tausenden von Wohnungen auch zahlreiche öffentliche Einrichtungen zerstört oder beschädigt worden. Doch die Blockade des Gazastreifens, insbesondere Einfuhrverbote für technische Geräte, die im Verdacht stehen, auch militärischen Zwecken dienen zu können, verhindert die Instandsetzung von Brunnen, Pumpstationen und Wiederaufbereitungsanlagen sowie des Gaza-Kraftwerks für die Stromversorgung des Wasser- und Abwassersektors.

⇨ Aufgrund der unzureichenden Stromversorgung sind 85 Prozent der Brunnen für die Landwirtschaft außer Betrieb. Infolgedessen steigt das Risiko von dürrebedingten Ernteausfällen in einem der produktivsten Sektoren der örtlichen Wirtschaft

Die Beschränkung der Wassernutzung trägt wesentlich zur Blockade der Entwicklung des palästinensischen Gemeinwesens bei. Besonders betroffen sind die sogenannten C-Gebiete, die unter vollständiger israelischer Kontrolle stehen (vgl. Kap. 3.3.3). Sie umfassen seit der letzten israelischen Truppenverlegung 60 Prozent des Westjordanlandes. Hier lässt Israel so gut wie keine Infrastrukturmaßnahmen zu, z. B. den Bau von Abwasseraufbereitungsanlagen, die in bewohnten Gegenden nicht gebaut werden können. Ohne Genehmigung errichtete Anlagen werden in der Regel zerstört oder beschlagnahmt – im Jahr 2015 waren es 35, viele von ihnen von der EU finanziert (EWASH 2016).

Eine nachhaltige Lösung des Wasserkonflikts erfordert neben Maßnahmen zur Vermeidung technisch bedingter Wasserverluste und zur Effektivierung des Bewässerungsbaus vor allem eine gerechte Verteilung der knappen Ressource. Erleichtert würde dies durch einen Umbau der israelischen Landwirtschaft, durch den sich die hohe israelische Nachfrage signifikant senken ließe. Neben einer optimalen Nutzung bzw. zusätzlichen Erschließung vorhandener Wasservorkommen ist auch die Ausweitung des Wasserangebots (z. B. durch Pipelines und Meerwasserentsalzungsanlagen) eine Option. Ob sich angesichts des prognostizierten Bevölkerungswachstums die Wasserdefizite Israels, Jordaniens und der Palästinenser langfristig beheben lassen, ohne das Wasserangebot zu erhöhen, ist umstritten. Fest steht indes, dass für eine nachhaltige Lösung der regionalen Wasserkrise grenzüberschreitende multilaterale Kooperation erforderlich ist. Hierfür wäre aber eine Beilegung der nahöstlichen Territorialkonflikte unerlässlich.

4.1.4 Siedlungen

Die Geschichte der israelischen Siedlungspolitik auf besetztem Territorium reicht zurück bis 1967. Bereits wenige Wochen nach Israels Sieg im Sechstage-Krieg/Juni-Krieg legte die israelische „Regierung der nationalen Einheit" unter Ministerpräsident Levi Eschkol von der Arbeitspartei einen Plan zur Besiedlung der eroberten Territorien vor. Der 1977 an die Regierung gelangte Likud-Block forcierte den unter der Arbeitspartei begonnenen Siedlungsbau. Auch nach Beginn des Oslo-Prozesses 1993 ging er unvermindert weiter. Ein Netz von 125 Siedlungen und ca. 100 sogenannten Siedlungsaußenposten überzieht das C-Gebiet des Westjordanlandes (Judäa und Samaria in der israelischen Amtssprache). 2016 lebten dort über 370 000 Israelis, die meisten in Siedlungen nahe der grünen Linie, doch mehr als 85 000 auch in Siedlungen mitten im Westjordanland. Zusammen mit den etwa 200 000 jüdischen Siedlern in Ost-Jerusalem war 2016 die Zahl der Israelis, die auf besetztem palästinensischem Gebiet lebten, auf mindestens 570 000 angewachsen (EEAS 2016). Hinzu kommen auf den besetzten syrischen Golan-Höhen 33 israelische Siedlungen mit rund 22 000 Einwohnern.

Die Unabhängigkeitserklärung von 1948 enthält keine Angaben über die geografische Ausdehnung Israels, und auch heute sind auf der Grundlage von Friedensverträgen nur die Grenzen zu Ägypten und Jordanien im völkerrechtlichen Sinne festgelegt.

Israels Siedlungspolitik stellt das zivile Gegenstück zu kriegerischer Landnahme dar. Die israelischen Siedlungen auf besetztem Gebiet sind nach herrschender völkerrechtlicher Meinung illegal. Ihre Errichtung widerspricht der 4. Genfer Konvention, wonach es einer Besatzungsmacht verboten ist, Bürger aus ihrem eigenen

Territorium in das besetzte Gebiet zu transferieren. Die UNO – sowohl in der Vollversammlung als auch im Sicherheitsrat – hat gemäß dieser Rechtslage die israelische Siedlungstätigkeit mehrfach verurteilt. Nach offizieller israelischer Lesart hingegen ist die Genfer Konvention nicht auf das Westjordanland und den Gazastreifen anwendbar, denn es handele sich nicht um besetzte Gebiete, weil sie zur Zeit ihrer Eroberung nicht Teil Jordaniens bzw. Ägyptens gewesen seien, sondern von diesen nur verwaltet wurden, also letztlich „herrenlos" waren. In der Staatengemeinschaft steht Israel mit dieser Deutung allerdings allein da.

Als der israelisch-palästinensische Konflikt 1991 Gegenstand direkter Verhandlungen zwischen den Konfliktparteien wurde, lebten im Westjordanland und im Gazastreifen rund 100 000 israelische Staatsbürger. Als der Friedensprozess 2000 kollabierte, hatte sich ihre Zahl verdoppelt. Auch nach Ausbruch der Al-Aqsa-Intifada wuchs die Zahl der Siedler unvermindert weiter. Zwar wurden im August 2005 alle 21 Siedlungen im Gazastreifen und vier kleine Siedlungen im nördlichen Westjordanland mit insgesamt rund 8 800 Siedlern geräumt. Aber im Westjordanland forcierte Israel seit Bekanntgabe des Gaza-Abzugsplans den Ausbau der Siedlungen und unternahm so gut wie nichts gegen das Errichten „wilder" Siedlungsaußenposten, die nach dem Willen ihrer Bewohner zum Kern neuer Siedlungen werden sollten, versorgte sie mit Strom und legalisierte etliche von ihnen.

Alle israelischen Regierungen förderten den Siedlungsbau mit großzügigen Subventionen, in den letzten Jah-

ren kamen vermehrt steuerbefreite Zuwendungen von
US-Bürgern hinzu (Blau 2015). Der Wunsch israelischer
Bürger nach preiswertem Wohnen verbindet sich mit
den strategischen Interessen des Staates, der mit Hilfe
der Siedlungen die Landesgrenzen und den Zugang zu
wertvollen Wasserressourcen zu sichern, die Annexion
Ost-Jerusalems unumkehrbar zu machen und die palästinensische Staatsbildung durch Zersiedlung des hierfür
vorgesehenen Territoriums zu erschweren versucht. Vor
allem das Siedlungskonzept des Likud zielte darauf zu
verhindern, dass ein zusammenhängender, lebensfähi-
ger Staat Palästina entsteht. Bereits in den 1970er Jahren sahen Planungen des Likud vor, die besetzten Gebiete durch Siedlungskeile und -ringe so zu zerstückeln,
dass die dicht bevölkerten Palästinensischen Gebiete den
Charakter von Ghettos erhalten. Aufgrund der Zersie-
delung ihres Landes, so die Erwartung der Likud-Stra-
tegen, werde es der einheimischen Bevölkerung schwer
fallen, eine territoriale und politische Zusammengehö-
rigkeit aufrecht zu erhalten. Ein Teil der Palästinenser
sollte zum Verlassen der Heimat veranlasst, die Kontrolle der übrigen würde erleichtert werden.

2015 lebten im Westjordanland (ohne Ost-Jerusalem)
50 Prozent der Siedler in fünf großen Siedlungsblöcken,
davon die vier größten in der Umgebung Jerusalems:
Modiin Illit (64 000), Beitar llit (49 000), Ma'ale Adumim (38 000), Givat Ze'ev (16 000). Nur Ariel (19 000)
ist tief im Westjordanland und 60 km nördlich von Jerusalem gelegen. Die Einwohnerzahl dieser fünf größten
Siedlungen betrug 2015 nahezu 186 000 und sie nimmt
rasch zu: Das Bevölkerungswachstum in diesen Groß-

siedlungen ist etwa zweieinhalbmal so hoch wie das durchschnittliche Bevölkerungswachstum Israels. Die Mehrzahl der Siedlungen im Westjordanland aber sind kleine Ortschaften von weniger als 500 Einwohnern, die meisten in der Nähe der grünen Linie und im Jordan-Tal, nicht wenige aber auch mitten im dichtbevölkerten Herzen des Westjordanlandes, umgeben von palästinensischen Städten und Dörfern. Ihre Bewohner gehören meist dem nationalistischen oder national-religiösen Lager an (Baumgart 2005: 56), was Konflikte für den Fall ihrer Evakuierung infolge eines israelisch-palästinensischen Abkommens erwarten lässt. Die Siedlungen im Jordantal sind hingegen mehrheitlich säkularen Charakters und lassen sich noch am ehesten mit Wehrdörfern vergleichen.

Weniger als zwei Prozent der Gesamtfläche des Westjordanlandes ist bebautes jüdisches Siedlungsgebiet. Legt man hingegen die Gemeindegrenzen der Siedlungen zugrunde, so befinden sich rund zehn Prozent des Territoriums unter ihrer Kontrolle. Darüber hinaus haben zehn regionale Siedlungsräte begrenzte Kontrollbefugnisse über 41 Prozent des Westjordanlandes – Territorium, das Israel zu „Staatsland" erklärt hat.

In Verbindung mit einem mehrere hundert Kilometer langen Straßennetz, das die Siedlungen unter Umgehung der palästinensischen Wohngebiete untereinander und mit israelischem Territorium verbindet und dessen Nutzung durch Palästinenser beschränkt ist, behindern die Siedlungen die Entwicklung der Infrastruktur, erschweren den Personen- und Güterverkehr zwischen den Ortschaften des Westjordanlandes und blockieren

Karte 7   Die israelischen Siedlungen im Westjordanland

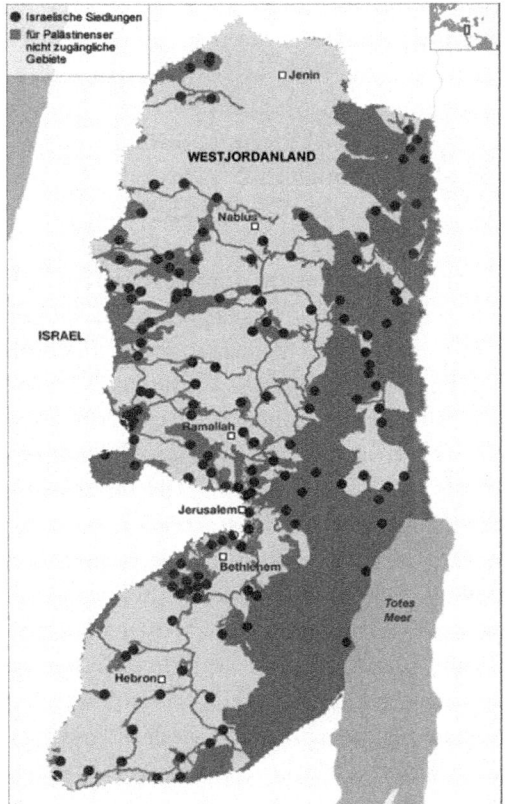

Quelle: UN OCHA

ihren Ausbau. Erweiterungen und Ableger, die vielfach den Charakter von Neugründungen haben, schaffen zudem immer neue Konfrontationslinien zwischen Israelis und Palästinensern. Mit der Verantwortung für die Sicherheit seiner Bürger in den Siedlungen begründet Israel überdies die andauernde Präsenz seines Militärs im „Feindesland" und die zahlreichen Straßensperren, die eine auf Mobilität basierende Wirtschaftstätigkeit behindern.

Die meisten Israelis, die wegen der staatlichen Subventionen in die besetzten Gebiete gezogen sind, ließen sich wahrscheinlich mit Hilfe großzügiger Entschädigungen zum Umzug in israelisches Hoheitsgebiet bewegen. Allerdings muss jede israelische Regierung, die sich auf einen seriösen Kompromiss mit den Palästinensern einlässt und alle Siedlungen räumt, die einem existenz- und entwicklungsfähigen palästinensischen Staat im Wege stehen, mit dem Widerstand fanatischer Siedler rechnen. Indes ist, wie sich bei dem Teilabzug aus dem Gazastreifen und dem nördlichen Westjordanland 2005 zeigte, nur eine kleine Minderheit der Siedler gewaltbereit. Sie gehören zu den Israelis, die in den besetzten Gebieten aus religiösen Motiven siedeln. In ihren Augen zählt das biblische Stammland Judäa und Samaria zum unverzichtbaren Bestand des Landes Israel (Eretz Israel), einst von Gott dem auserwählten Volk durch den Bund mit Abraham versprochen. Nach national-religiöser Deutung beschleunigt die Besiedlung dieser Gebiete durch das jüdische Volk die Erlösung der Welt (Lustick 1988). Mit einem solchen Maß an Legitimation, wie es dieses messianische Motiv zu liefern imstande ist, können säkulare – z. B. demographische, militärische oder hydrologische – Motive der Kolonisierung nicht aufwarten. Religion dient daher auch den säkularen Kräften in der israelischen Rechten zur Legitimierung ihrer fortgesetzten Landnahme (Baumgart-Ochse 2008: 308–313).

4.1.5 Jerusalem

Jerusalem ist eine der ältesten und am meisten umkämpften Städte der Welt. Die Geschichte ist hier allgegenwärtig. Die Palästinenser beanspruchen das arabische Jerusalem als Hauptstadt eines künftigen Staates Palästina. Israel betrachtet das ganze Jerusalem, bestehend aus seinem West- und Ostteil als seine Hauptstadt und besteht auf ihrer Unteilbarkeit. Aus diesen scheinbar unvereinbaren Sichtweisen resultiert der Streit um die Stadt. Ohne eine Regelung der Jerusalemfrage ist der israelisch-palästinensische Gesamtkonflikt nicht lösbar, denn keine Seite kann die Bedeutung der Stadt in der Geschichte, den Erinnerungen und dem Alltag der beiden Völker ignorieren. Überdies ist Jerusalem für die islamische Welt und auch für Christen ein hoch symbolträchtiger Ort, so dass der Streit um Jerusalem weit über den Palästina-Konflikt hinausgeht.

Für die Gläubigen der drei monotheistischen Religionen hat Jerusalem eine einzigartige Bedeutung als „Heilige Stadt". Jüdische Besitzansprüche auf „Yerushalayim" berufen sich auf König David, der Jerusalem vor rund dreitausend Jahren eroberte und zur Hauptstadt des antiken jüdischen Staates machte. Dort errichteten der

Überlieferung nach die Juden ihren ersten Tempel, um den Gesetzestafeln mit den zehn Geboten einen bleibenden Ort zu geben, und nach dessen Zerstörung durch die Babylonier ihren zweiten Tempel, den die Römer später zerstörten. Dort wird nach jüdischem Glauben der Messias den Tempel wieder aufbauen, das jüdische Volk aus dem Exil in Israel versammeln und den Weltfrieden bringen.

Muslime nennen Jerusalem „Al Quds" (= die Heilige), weil der Prophet Mohammed der Legende zufolge in Begleitung des Engels Gabriel im Jahre 621 von hier in die sieben Himmel aufgestiegen ist. Hierher muss nach muslimischem Glauben am Ende der Tage der heilige Stein von Mekka gebracht werden, damit sich das Paradies öffnet.

Die Christen preisen Jerusalem, auch „Zion" genannt, als die Stadt, in der Jesus Christus vor zweitausend Jahren den Tod am Kreuz erlitt, am dritten Tag wieder auferstand und die Menschheit von der Sünde erlöste. Dieser Glaube führte die Kreuzfahrer im Mittelalter nach Jerusalem. Sie eroberten die Stadt und errichteten für die Dauer von 145 Jahren das christliche Königreich Jerusalem.

Das friedliche Zusammenleben der Menschen verschiedener Religionszugehörigkeit war in Jerusalem nie gesichert. Zwar gab es unter der jahrhundertelangen islamischen Herrschaft Perioden der Duldung anderer Glaubensrichtungen. Aber von Gleichberechtigung konnte nicht die Rede sein. Und immer wieder führte die Konkurrenz um den Besitz der Stadt zu Blutvergießen. Besonders schlimm wüteten die christlichen Kreuzfahrer, als sie 1099 die Heilige Stadt eroberten und die nicht zuvor geflohenen Bewohner, Muslime wie Juden, massakrierten. Der Begriff „Kreuzzug" hat darum im Nahen Osten einen bitteren Beiklang.

Bis heute hält der Streit um Jerusalem an. Die Christen sind mittlerweile nicht mehr direkt in den Konflikt um die Stadt verwickelt, da keine ihrer großen Kirchen im Heiligen Land einen Staat errichten will. Palästinenser und Israelis aber sind in tiefgehende Auseinandersetzungen um ihre Rechte in der Stadt verstrickt, die sich bisher in Verhandlungen nicht beilegen ließen. Die mit religiösen Argumenten geführte Auseinandersetzung betrifft vor allem den Hügel in der Altstadt, den die Juden Har Ha Bayit (= Tempelberg) und die Muslime Haram ash-Scharif (= Ehrwürdiges Heiligtum) nennen. An dessen Rand befindet sich die Klagemauer, heiligste Stätte der Juden. Die Steine der Mauer sollen die *Überreste des jüdischen Tempels* sein, den fromme Juden in den Tiefen des Tempelbergs vermuten. Auf dem Hügel stehen die Al-Aqsa-Moschee, nach Mekka und Medina drittwichtigstes Heiligtum des Islam, und der Felsendom. Er wurde über dem Fels errichtet, von dem aus der Prophet Mohammed seinen sagenhaften Himmelsritt antrat. Nach jüdischer Lesart ist dieser Fels der Grundstein der Welt. Hier schloss nach der Überlieferung Gott einst seinen Bund mit dem Volk Israel und erneuerte den Bund mit Abraham, nachdem dieser, Gott gehorchend, sich bereitgefunden hatte, seinen Sohn Isaak zu opfern. Der mythische Opferplatz aus der Zeit der Kanaaniter ist das Allerheiligste des von den Römern zerstörten zweiten Tempels, auf dessen Trümmern die arabischen Eroberer ihre heiligen Stätten errichteten. Im Nahen Osten, wo Religiosität eine ungleich bedeutsamere Rolle spielt als in den weitgehend säkularisierten europäischen Gesellschaften (Flores 2002: 52), eignen sich die heiligen Stätten wie kaum etwas anderes zur Mobilisierung für nationale Ziele.

Im ersten Nahost-Krieg 1948/49 hatten die israelischen Truppen die Altstadt von Jerusalem vergeblich zu erstürmen versucht. Unter jordanischer Herrschaft blieb sie Israelis versperrt. Im Sechstage-Krieg 1967 aber eroberte die israelische Armee das arabisch bewohnte Ost-Jerusalem mitsamt Klagemauer und Tempelberg. Israel erweiterte den vormals jordanisch kontrollierten Ostteil der Stadt, indem es ihm Teile des besetzten Westjordanlandes mit 28 palästinensischen Dörfern hinzufügte und annektierte das um mehr als das Zehnfache erweiterte Gebiet samt der Altstadt. Dieses nunmehr 70 Quadratkilometer umfassende Gebiet wird heute gemeinhin Ost-Jerusalem genannt. Die Verwaltung der islamischen Bauten auf dem Tempelberg blieb auf Betreiben des israelischen Verteidigungsministers Mosche Dajan in den Händen des islamischen Waqf, heute einer palästinensischen Behörde. Die Wahrung der öffentlichen Ordnung wurde arabischen Wachen und einer kleinen Truppe israelischer Polizisten übertragen.

Die innerhalb der neuen Stadtgrenzen lebenden Palästinenser erhielten den Status von „permanenten Bewohnern" Jerusalems. Allerdings können sie ihr Aufenthaltsrecht in Jerusalem verlieren, wenn die Behörden ihnen nachweisen, dass sie dort nicht ihren Lebensmittelpunkt haben. Ihr Status ist ambivalent. Einerseits ha-

ben sie Zugang zu Sozialleistungen und Gesundheitsver-
sorgung. Anderseits unterliegen sie israelischem Recht,
besitzen aber keine staatsbürgerliche Rechte, so dass sie
z. B. nicht an den Wahlen zur Knesset teilnehmen können. Grundsätzlich können sie die israelische Staatsbürgerschaft erwerben, doch nur wenige machen von dieser
Möglichkeit Gebrauch, weil eine Einbürgerung als Anerkennung der israelischen Annexion gelten würde.

1980 verabschiedete Israel das Jerusalemgesetz, wonach
das vereinte Jerusalem auf ewig die ungeteilte Hauptstadt
Israels sei. In Wirklichkeit ist Jerusalem – nach Angaben
des israelischen Statistikamts (Central Bureau of Statistic
2016) eine Stadt mit rund 870 000 Einwohnern (2015),
davon ca. 534 000 Juden und 316 000 Araber/Palästinen-
ser (2014) – jedoch geteilt. In West-Jerusalem leben seit
1948 so gut wie keine Palästinenser mehr. In Ost-Jerusalem leben Juden und Palästinenser, von geringfügigen
Ausnahmen abgesehen, in ausschließlich jüdischen oder
ausschließlich palästinensischen Stadtvierteln.

In ihrer Stadtpolitik gegenüber Ost-Jerusalem verfolgten alle israelischen Regierungen von Anfang an das gleiche Ziel: Es galt zu verhindern, dass aus dem Zentrum
des Westjordanlandes die Hauptstadt eines palästinensischen Staates würde. Sämtliche Ost-Jerusalem betreffenden Maßnahmen zur Änderung der räumlichen und
demografischen Struktur der Stadt sollen eine klare jüdische Mehrheit in Jerusalem sichern und auf diese Weise
den israelischen Herrschaftsanspruch auf das ganze Jerusalem bekräftigen (Chiodelli 2013: 417). Der Stärkung
des jüdischen Anteils dient vor allem der staatlich ge-
förderte Wohnungsbau für jüdische Siedler. Die Schwä-

chung des arabischen Anteils erfolgte über Enteignungen arabischen Grundbesitzes, Diskriminierungen im Wohnungsbau (einschließlich des Abrisses von Häusern bei Nichtvorliegen von Baugenehmigungen) und bei der sozialen Infrastruktur (z. B. Bildung oder Gesundheit) wie bei der technischen Infrastruktur (z. B. Elektrifizierung oder Abfallentsorgung). Der Wohnraummangel veranlasst palästinensische Jerusalemer nicht selten, ihren tatsächlichen Wohnort in die Umgebung der Stadt zu verlagern. Sie riskieren damit allerdings, ihr Wohnrecht in der Stadt zu verlieren (Association for Civil Rights in Israel 2015).

Durch den massiven Siedlungs- und Straßenbau im Norden, Osten und Süden sowie durch administrative Beschränkungen des Zugangs vom Westjordanland wurde der arabische Teil Jerusalems von seinem Hinterland abgeschnitten und zunehmend isoliert. Gleichwohl ist Ost-Jerusalem nach wie vor die größte arabische Stadt Palästinas. Sie ist das religiöse, politische, soziale und ökonomische Zentrum der Palästinenser und der Verkehrsknotenpunkt des Westjordanlandes. Hier befinden sich die wichtigsten Energieversorgungsunternehmen, Finanz- und Handelseinrichtungen und die besten Krankenhäuser der besetzten Gebiete. Einen Verzicht auf Ost-Jerusalem als Hauptstadt eines künftigen palästinensischen Staates würde keine palästinensische Führung politisch überleben. Andererseits würde keine israelische Regierung eine Mehrheit für die Wiederherstellung der demographischen Verhältnisse vor der Besetzung Ost-Jerusalems erhalten. Anders als bei den jüdischen Siedlungen im Gazastreifen oder der Mehrheit

Karte 8 Sperranlage und Bevölkerungsverteilung in Ost-Jerusalem und angrenzendem Westjordanland

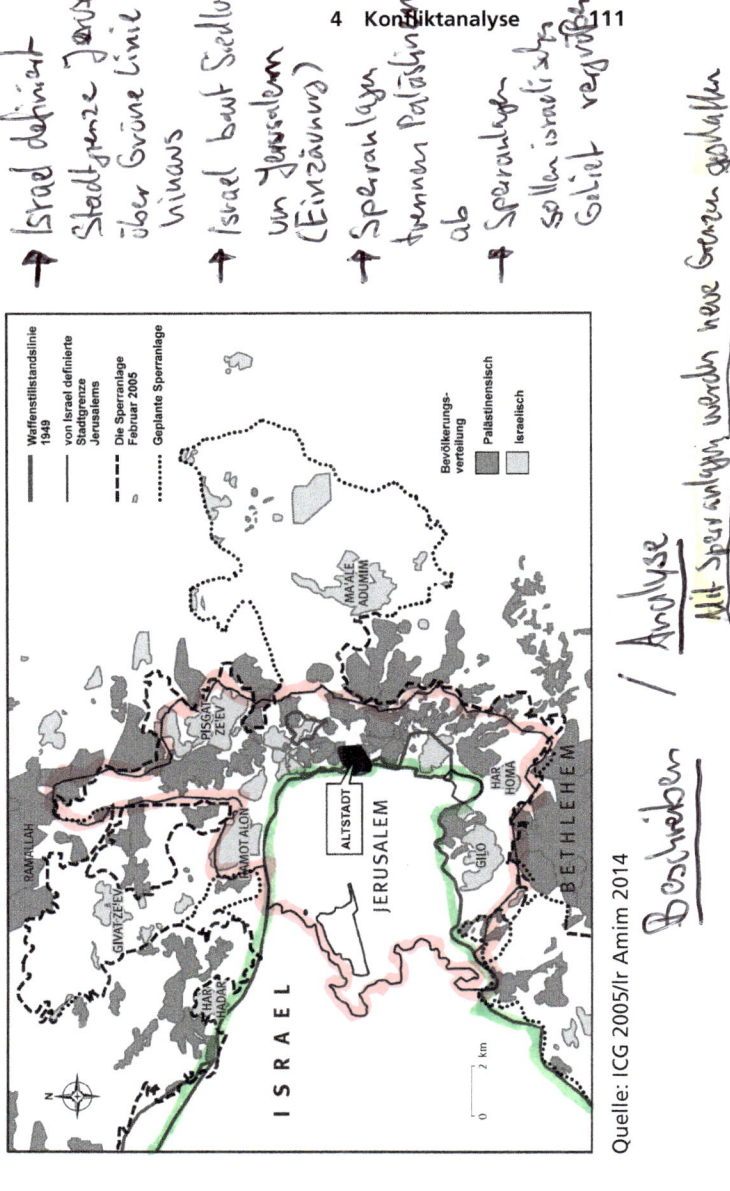

Quelle: ICG 2005/Ir Amim 2014

Handschriftliche Anmerkungen:

Israel definiert Stadtgrenze Jerusalems über Grüne Linie hinaus

Israel baut Siedlungen um Jerusalem (Einzäunung)

Sperranlagen trennen Palästinenser ab

Sperranlagen sollen israelisches Gebiet vergrößern

Mit Sperranlagen werden neue Grenzen geschaffen

Beschreiben / Analyse

Legende:
— Waffenstillstandslinie 1949
— von Israel definierte Stadtgrenze Jerusalems
— — Die Sperranlage Februar 2005
..... Geplante Sperranlage

Bevölkerungsverteilung
Palästinensisch
Israelisch

Ortsnamen: RAMALLAH, GIVAT ZE'EV, HAR HADAR, PISGAT ZE'EV, RAMOT ALON, ALTSTADT, JERUSALEM, MA'ALE ADUMIM, GILO, HAR HOMA, BETHLEHEM, ISRAEL

0 2 km

der jüdischen Siedlungen im Westjordanland ist die Räumung der jüdischen Wohnsiedlungen in Ost-Jerusalem politisch unvorstellbar. Eine vertragliche Einigung über die zweifach geteilte Stadt – in West- und Ost-Jerusalem und in jüdisch bzw. arabisch bewohnte Ost-Jerusalemer Stadtteile – wird diesen politischen Zwängen Rechnung tragen müssen.

Seit 2002 allerdings schafft Israel mit dem Bau der Sperranlage auch in Jerusalem Fakten, die eine Kompromisslösung blockieren (vgl. Kap. 4.1.2). Die Sperranlage, die in Ost-Jerusalem aus einer Betonmauer von mehreren Metern Höhe besteht, verläuft mitten durch die palästinensischen Wohnviertel, die auf beiden Seiten der von Israel definierten Stadtgrenzen liegen, und schneidet Ost-Jerusalem von seinem Hinterland ab. Die Folgen für die palästinensische Bevölkerung sind dramatisch. Zum Beispiel können palästinensische Schüler und Studierende aus der Umgebung Ost-Jerusalems nur mit einem Passierschein (und damit in Abhängigkeit von den Genehmigungen israelischer Behörden), Bildungseinrichtungen in palästinensischen Stadtvierteln Ost-Jerusalems besuchen.

Auch in die andere Richtung wird die Stadtgrenze nach Vollendung der Mauer schwer zu überwinden sein. Viele junge Männer und Frauen aus palästinensischen Stadtvierteln in Ost-Jerusalem studieren an der arabischen Al-Quds Universität in Abu Dis, einem Jerusalemer Vorort jenseits der offiziellen Stadtgrenze. Aus Sicht der Universität bedroht die Sperranlage in Verbindung mit administrativen Schikanen die Universität existenziell (Al-Quds University 2016).

In Ost-Jerusalem lebt künftig – neben etwa 200 000 jüdischen Jerusalemern – die Mehrzahl der rund 316 000 palästinensischen Jerusalemer westlich der Trennmauer. Über ein Viertel der palästinensischen Jerusalemer hingegen findet sich auf der östlichen Seite der Sperranlage wieder. Wie im Westjordanland begründet Israel auch in Jerusalem den Bau der Sperranlage mit der Notwendigkeit, Terroristen den Zugang zur Stadt zu verwehren und weist darauf hin, dass die Attentäter bisher mit wenigen Ausnahmen aus dem Westjordanland kamen. Als Antiterrormaßnahme ist die Sperrmauer bei den jüdischen Bürgern außerordentlich populär. Allerdings bietet sie keinen Schutz vor den Palästinensern, die künftig auf der „falschen" Seite, d. h. westlich der Trennmauer leben. Palästinensische Politiker argumentieren darum, Sicherheit vor Terror sei nicht der eigentliche Zweck der Baumaßnahme, zumindest nicht der einzige. Sie fürchten, dass die Mauer in Verbindung mit den sonstigen Diskriminierungen den Zweck verfolgt, die palästinensische Bevölkerung langfristig aus der Stadt zu vertreiben. 142 von 712 Kilometern der Sperranlage sollen nach ihrer Fertigstellung durch Jerusalem verlaufen.

Unter den zahlreichen Plänen zur Lösung der Jerusalemfrage (Wasserstein 2002) trägt der Vorschlag, Jerusalem zur Hauptstadt beider Staaten zu machen, mit israelischer Souveränität in den jüdischen und palästinensischer Souveränität in den arabischen Stadtvierteln, der Bedeutung der Stadt für beide Völker gleichermaßen Rechnung. Ob es allerdings zu einer Zwei-Staaten-Regelung kommt, wird angesichts der geschaffenen *facts on the ground* immer zweifelhafter (vgl. Kap. 5.2.3). Für

die Altstadt mit ihren heiligen Stätten hingegen könnte ein Lösungsweg in der Übernahme von Verantwortung durch die internationale Gemeinschaft bestehen. Mit Sicherheit werden die arabischen bzw. islamischen Staaten mitreden wollen, wenn es bei einer internationalen Lösung um die Frage geht, welche Institution die Souveränitätsrechte über die Heiligen Stätten ausüben soll. Denn die Bedeutung von Al-Quds geht für sie weit über die nationalen Ziele der Palästinenser hinaus.

4.1.6 Flüchtlinge

Die Auseinandersetzungen um das Schicksal der Palästinenser, die vor den kriegerischen Auseinandersetzungen in ihrer Heimat flohen, haben die Bemühungen um eine Beilegung des Nahost-Konflikts von Anbeginn an schwer belastet. Bis heute ist das Flüchtlingsproblem ungelöst. Neben dem Streit um Jerusalem gibt es keinen anderen Konfliktstoff, der bei Palästinensern wie Israelis so starke Emotionen hervorruft wie die Frage, ob die Palästinenser das Recht haben (bzw. erhalten sollen) in ihre alte Heimat zurückzukehren.

Nach UN-Schätzungen flohen rund 726 000 palästinensische Araber aus dem Gebiet, auf dem sich 1948/49 der Staat Israel etablierte. Nach ihrer Flucht wurden über 400 palästinensische Dörfer dem Erdboden gleichgemacht, die meisten wurden an Ort und Stelle durch israelische Ortschaften „ersetzt", andere verschwanden unter den Bäumen von Aufforstungsprojekten (Pappé 2007: 220 f.). In die verlassenen Häuser arabischer Städte

wie Haifa und Jaffa zogen europäische und arabische Juden ein. Von den ca. zwölf Millionen Palästinensern sind
über zwei Drittel Flüchtlinge, viele von ihnen mehrfach vertrieben. Die Palästinenser stellen die weltweit älteste Flüchtlingsgemeinschaft und zugleich die größte
Gruppe Staatenloser dar. Die meisten leben im Gazastreifen und im Westjordanland sowie in Israels Nachbarstaaten, wo sie oder ihre Vorfahren zunächst Zuflucht
fanden; eine Minderheit zog weiter und ließ sich in den
Golfstaaten, Europa oder Amerika nieder.

Noch vor Unterzeichnung der Waffenstillstandsver-
einbarungen verabschiedete die UN-Vollversammlung
am 11. Dezember 1948 Resolution 194, in der Israel aufgefordert wird, den Flüchtlingen, „die friedlich mit ihren
Nachbarn zusammenleben wollen", eine Rückkehr „zum
frühestmöglichen Zeitpunkt" zu gestatten und denjenigen, die nicht zurückkehren wollen, eine Entschädigung
zu zahlen. Doch die Vollversammlung kann nur Emp-
fehlungen abgeben und in der Befürchtung, dass eine
massenhafte Repatriierung der Flüchtlinge den jüdischen Staat von innen her zerstören würde, verwehrte Israel den Flüchtlingen die Rückkehr.

„Repatriierung würde bedeuten, dass Hunderttausende von
Menschen in einen Staat einbezogen würden, dessen Existenz sie ablehnen, dessen Zerstörung sie mit Entschlossen-
heit anstreben" (Abba Eban, UN-Sonderbotschafter Israels,
17. 11. 1958).

Im Westjordanland und im Gazastreifen sowie in Jordanien, Libanon und Syrien sorgt das im Dezember

1949 gegründete UN-Hilfswerk „United Nations Relief and Works Agency for Palestine Refugees in the Near East" (UNRWA) für die Palästinaflüchtlinge. 1950 waren es 914 000. Aufgrund der hohen Geburtenrate wuchs ihre Zahl rasch, 1967 kamen infolge des Sechstage-Krieges 250 000 bis 300 000 Vertriebene hinzu. Sie und ihre Nachkommen fallen nicht unter den von UNRWA zugrundegelegten Flüchtlingsbegriff, doch in Notsituationen leistet UNRWA auch für sie humanitäre Hilfe. 2015 betrug die Zahl der registrierten Flüchtlinge 5,1 Millionen (unter Einschluss weiterer registrierter Personen 5,6 Millionen), davon 2,1 Millionen in Jordanien, 1,3 Millionen im Gazastreifen, 774 000 im Westjordanland, 530 000 in Syrien und 450 000 im Libanon (UNRWA 2015). Ein Drittel von ihnen lebt in einem der 58 offiziell anerkannten und von UNRWA betreuten Flüchtlingslager, meist in äußerster Enge, oft ohne Straßen oder Kanalisation. UNRWA unterhält hier Schulen, Gesundheitszentren und Verteilungsstellen für Nahrungsmittel und den sonstigen Basisbedarf. Mit ihrem Angebot an humanitärer Hilfe und Dienstleistungen in den Bereichen Bildung und Gesundheit in den palästinensischen Gebieten und den Nachbarländern hat UNRWA eine bedeutende Rolle beim Erhalt regionaler Stabilität erlangt (Asseburg/Busse 2016b: 71).

Gleichwohl ist die finanzielle Lage von UNRWA prekär. Das Hilfswerk erhält nur einen Bruchteil der benötigten Mittel aus dem regulären UN-Haushalt und finanziert sich zu 97 Prozent aus Spenden. Angesichts der Geldnot sah es sich z. B. 2015 gezwungen, dringend benötigte Projekte wie den Wiederaufbau von Wohnun-

gen im Gazastreifen und Sozialleistungen für syrische
Flüchtlinge im Libanon einzustellen.

Die Folgen des syrischen Bürgerkriegs treffen die dortigen palästinensischen Flüchtlinge als Staatenlose besonders hart. Die Nachbarländer erschweren ihnen mehr
als anderen Flüchtlingen die Einreise. Reisen sie illegal
ein, sind sie besonders häufig auf dem irregulären Arbeitsmarkt Opfer von Ausbeutung und müssen Verhaftung und Abschiebung fürchten.

Nach den völkerrechtlichen Prinzipien des Flücht-
lingsrechts und dem Wortlaut zahlreicher UNO-Reso-
lutionen haben die palästinensischen Flüchtlinge grundsätzlich die Wahl zwischen Rückkehr, Verbleiben im
Gastland oder Ansiedlung in einem Drittstaat. Zudem
haben sie Anspruch auf Rückgabe von Eigentum bzw.
Entschädigung für erlittene Verluste durch den Staat, der
die Flüchtlingssituation verursacht hat. Doch nur während der frühen 1950er Jahre konnten etwa 40 000 Palästinenser in ihre Herkunftsgebiete zurückkehren, und
diese Konzession Israels beruhte nicht auf einer Anerkennung des Rückkehrrechts der Flüchtlinge, sondern
war eine Maßnahme zur Familienzusammenführung.
Denn Israel sah sich – und sieht sich bis heute – nicht
verantwortlich für das Schicksal der Flüchtlinge, die
nach israelischer Lesart Opfer eines Angriffskriegs der
arabischen Staaten wurden.

Der Verbleib der meisten palästinensischen Flüchtlinge in den Nachbarstaaten Israels, am Golf und in
Nordafrika trug maßgeblich dazu bei, dass der Palästina-
konflikt eine gesamtarabische Dimension erhielt (Asse-
burg/Busse 2016b: 21). Doch eine Eingliederung in die

arabischen Gesellschaften gelang nur unzureichend. Nur
Jordanien bemühte sich, die Flüchtlinge gesellschaftlich
zu integrieren und bot ihnen umfassend Wohnraum,
Arbeit und Bildungsmöglichkeiten im Land. Libanon,
Ägypten und Syrien hingegen waren an einer Integration der Flüchtlinge nicht interessiert. Im Libanon
fürchtete man um die prekäre Balance zwischen muslimischen und christlichen Bevölkerungsteilen. Ägypten
und Syrien hingegen betrachteten das ungelöste Flüchtlingsproblem als politisch ausbeutbar. Die Niederlage
im ersten israelisch-arabischen Krieg hatte in den arabischen Staaten zu massiven politischen Umwälzungen geführt. Die neuen Führungsschichten legitimierten ihren
Aufstieg in Machtpositionen auch vermittels der Kampf-
ansage an Israel. Eine Integration der palästinensischen
Flüchtlinge hätte ihrer Propaganda von der Umkehr-
barkeit der Katastrophe 1948 ersichtlich widersprochen.
Die Flüchtlinge wurden auf diese Weise zur politischen
Manövriermasse im arabisch-israelischen Konflikt. Aber
sie waren nicht ausschließlich Opfer der Politiker. Vielmehr bildeten die dauerhaft in den Lagern lebenden und
gut ausgebildeten Menschen ein bedeutendes Reservoir
für die sich in den 1960 Jahren herausbildende palästinensische Nationalbewegung (Ofteringer 1997: 70):

„Die Flüchtlinge sind der Schlüsselstein des arabischen Kampfes gegen Israel. Die Flüchtlinge sind die Waffen der Araber
und des arabischen Nationalismus" (Radio Kairo, 19. 07. 1957).

Eine nachhaltige Lösung des israelisch-palästinensischen
Konflikts scheint ohne eine Berücksichtigung der palästi-

nensischen Diaspora kaum möglich (Weyland 2003: 176). Allerdings blockiert die Forderung nach einer Rückkehr in die ursprünglichen Wohnorte im heutigen Israel mittelfristige Kompromisslösungen, die auf eine territoriale Zweiteilung des historischen Palästina zielen. Es kann als sicher gelten, dass sich beim Streit um das Rückkehrrecht der Flüchtlinge der palästinensische Rechtsstandpunkt materiell nicht durchsetzen wird. Dies hat keine praktischen, sondern ideologische Gründe. Das zionistische Staatsprojekt erfordert eine klare jüdische Mehrheit im Lande Israel. Bereits eine Zuwanderung in relevanten Größenordnungen – z. B. die rund 800 000 Flüchtlinge und Vertriebenen der jordanischen, libanesischen und syrischen Camps – würde, so das Argument, zusammen mit den ohnehin in Israel lebenden Palästinensern mit israelischer Staatsangehörigkeit aus der nationalen Heimstätte für alle Juden weltweit, so wie sie die zionistische Bewegung einst konzipierte, einen bi-nationalen Staat machen. Dies jedoch lehnt die übergroße Mehrheit der jüdischen Bevölkerung Israels kategorisch ab.

Um die Blockade zu überwinden, die das Flüchtlingsproblem für eine einvernehmliche Regelung des Gesamtkonflikts darstellt, kann es sinnvoll sein, zwischen der Rückkehr in die alte Heimat und dem Recht auf Rückkehr zu unterscheiden. Ein solches Recht enthielte eine Anerkennung des Unrechts, das der arabischen Bevölkerung Palästinas 1948 angetan wurde, als sie fliehen musste. Dazu ist Israel allerdings bis heute nicht bereit – nicht nur, weil ein derartiges Zugeständnis Entschädigungsforderungen in unkalkulierbarer Höhe nach sich ziehen könnte, sondern auch, weil es das „ideale Selbstbild" (Raz-Krakotzkin 2000: 192) erschüttern würde, wonach Israel in diesem Krieg nicht nur militärisch, sondern auch moralisch den Sieg davongetragen habe.

Was die Umsetzung des Rechts auf Rückkehr betrifft, so sind Regelungen denkbar, die dem Flüchtlingsproblem seine Schärfe nehmen könnten. So sehen die Vereinbarungen von Taba 2001, die auf einem Vorschlag von US-Präsident Bill Clinton basieren, vor, das Recht auf Rückkehr als individuelles Recht anzuerkennen; zu konkretisieren wäre es aber nur in Ausnahmefällen als Rückkehr nach Israel. Stattdessen wäre es durch Rückkehr in den – künftigen – Staat Palästina oder eine permanente Ansiedlung in den jetzigen Aufenthaltsstaaten oder Drittstaaten umzusetzen, verbunden mit der Verleihung der jeweiligen Staatsbürgerschaft. Voraussetzung wäre in jedem Fall Freiwilligkeit bzw. die Zustimmung der Aufnahmeländer (Moratinos 2001). Verknüpft mit großzügiger Entschädigung, z. B. aus einem einzurichtenden internationalen Fonds, wäre durchaus damit zu rechnen, dass viele Flüchtlinge ihre Einbürgerung in ihrem jetzigen Aufenthaltsland oder eine Neuansiedlung einer Rückkehr nach Israel vorziehen würden.

Ein ähnlicher Vorschlag findet sich auch in der sogenannten „Genfer Vereinbarung" (vgl. Kap. 5.2.3).

Regelungen wie diese setzen allerdings voraus, dass eine Beilegung des Palästina-Konflikts in einen israelisch-arabischen Friedensschluss eingebettet wird. Denn unter der Prämisse, dass Israel sich allenfalls zur Aufnahme eines kleinen Teils rückkehrwilliger Flüchtlinge bereitfinden würde und ein künftiger Staat Palästina mit einer Rückkehr von Millionen Palästinensern überfordert wäre, hätten die arabischen Staaten einen wesentlichen Teil der Lösung durch eine gesellschaftliche Integration der bei ihnen lebenden Palästinenser zu schultern. Im Lichte der regionalen Umbrüche seit dem Arabischen Frühling 2011 und der dramatischen Zuspitzung der Fluchtbewegungen in der arabischen Welt erscheint jedoch die Hoffnung, dass sich die Flüchtlingsfrage im Palästinakonflikt durch die breite Übernahme von Verantwortung seitens der Regionalstaaten einvernehmlich lösen lässt, als kühn. Dass die internationale Gemeinschaft und namentlich Europa bereit wären, hier substanziell einzuspringen und so eine dauerhafte Lösung zu befördern, ist schwer vorstellbar. Andere Denkmodelle zur Lösung des Konflikts würden andere Regelungen der Flüchtlingsfrage vorsehen (vgl. Kap. 5.2).

4.1.7 Wirtschaft

Die seit 1967 praktizierte Einbindung der besetzten Gebiete in die israelische Ökonomie vollzog sich von Anfang an unter den von Israel diktierten Bedingungen. Infolge der schrittweisen Senkung von Wasserzuteilungen an palästinensische Landwirte seit 1979 ging der Anteil an kultiviertem Land im Westjordanland deutlich zurück und zwang eine wachsende Zahl, in Israel Arbeit zu suchen (Weizman 2008: 134 f.). Vor Ausbruch der ersten Intifada arbeiteten in Israel nach offiziellen Angaben 110 000 Palästinenser aus den besetzten Gebieten. Die Arbeitnehmer aus dem Westjordanland stellten 35 Prozent der dortigen Lohnempfänger, die aus dem Gazastreifen sogar 45 Prozent. Zehntausende kamen zudem täglich illegal nach Israel, um dort ihren Lebensunterhalt zu verdienen. Der Export von Arbeitskraft war die wesentliche Einnahmequelle zur Finanzierung des Warenimports, der bis heute im Wesentlichen aus Israel stammt. Nachdem die Irak/Kuwaitkrise 1990 und der Golfkrieg 1991 bereits zum Verlust der Arbeitsplätze in den Golfstaaten geführt hatten, ging aufgrund der israelischen Abriegelungspolitik auch die Mehrzahl der Jobs in Israel verloren (Beck 2002: 294). Wann immer Israel die Grenzen schloss – z. B. nach Terroranschlägen, an Feiertagen, bei wichtigen politischen Ereignissen wie Staatsbesuchen, Wahlen etc. – schnellte die Arbeitslosenquote in den palästinensischen Gebieten in die Höhe. Die Einreisesperren führten zum dauerhaften Verlust von Arbeitsplätzen für palästinensische Pendler, da die Unternehmen in Israel sie durch ständig verfügbare Arbeitskräfte, sowohl Israelis als auch aus Osteuropa und dem fernen Osten angeworbene Arbeitsmigranten, ersetzten.

Besonders augenfällig wird die Asymmetrie der Einbindung in der unterschiedlichen relativen Bedeutung der israelisch-palästinensischen Handelsbeziehungen für die beiden Seiten. 1987, im Jahr vor der ersten Intifada, bezogen das Westjordanland 91 Prozent und der Gazastreifen 92 Prozent ihrer Importe aus Israel und exportierten 70 Prozent beziehungsweise 91 Prozent ihrer Ausfuhren dorthin. Demgegenüber betrug der israelisch-palästinensische Handel elf Prozent der Gesamtexporte und drei Prozent der Gesamtimporte Israels.

Im Oslo-Prozess regelten Israel und die Autonomiebehörde auch ihre wirtschaftlichen Beziehungen. Das in Paris vereinbarte Protokoll für die wirtschaftlichen Beziehungen zwischen Israel und der PLO vom 29. April 1994, dessen Geltungsbereich 1995 auf das gesamte Gebiet des Westjordanlandes und des Gazastreifens ausgeweitet wurde, schrieb durch den Erhalt der Zoll- und Währungsunion zwischen Israel und den palästinensischen Gebieten deren Einbindung in die israelische Ökonomie auch für die Interimsperiode fest (Asseburg 2002: 104 f.). Es gilt das Prinzip offener Grenzen für landwirtschaftliche und industrielle Produkte sowie – unter politischem Vorbehalt – des freien Personenverkehrs. Der zeitlich unbegrenzt eingerichtete Gemeinsame Wirtschaftsausschuss und eine Vielzahl von gemeinsamen Komitees, zuständig für die Kooperation in den Bereichen Wasser, Elektrizität, Finanzen, Verkehr und Kommunikation, Handel, Industrie, Arbeit, Soziales, Umweltschutz und Medien stellten zunächst sicher, dass die Wirtschaft der autonomen Gebiete permanenter israelischer Einflussnahme unterlag. In einer Vielzahl von Einzelbestimmungen, z. B. über Importzölle, Steuersätze und Krankenversicherungsbeiträge und über palästinensische Importe aus Drittländern, sowie im Fehlen einer eigenen palästinensischen Währung wurde deutlich, dass das Abkommen die weitgehende israelische Kontrolle über die palästinensische Wirtschaft und ihren Außenhandel bei gleichzeitiger Trennung der Arbeitsmärkte sowie der Sozialversicherungs- und Steuersysteme bezweckte.

An der Asymmetrie der wirtschaftlichen Beziehungen zwischen Israel und den palästinensischen Gebieten hat der Friedensprozess nichts Wesentliches geändert. Die Importe aus bzw. über Israel in die palästinensischen Gebiete (überwiegend in das Westjordanland) betragen dort seit dem Jahr 2000 gut 70 Prozent der Gesamtimporte. Die Exporte aus den palästinensischen Gebieten nach Israel lagen 2000 bei 92 Prozent der Gesamtexporte und 2015 bei 85 Prozent. Auch auf dem Arbeitsmarkt schlägt sich die asymmetrische Integration der besetzten Gebiete in die israelische Ökonomie nieder, doch hat sich die Arbeitsmigration deutlich reduziert. Während im Jahr 2000 der Anteil der in Israel und den Siedlungen beschäftigten Palästinenser 19 Prozent der erwerbstätigen Bevölkerung im Westjordanland betrug, liegt sie heute bei ca. 12 Prozent (IMF 2016). Im Gazastreifen ist der Anteil, der 1999 noch bei 13 Prozent lag, aufgrund fehlender Arbeitsgenehmigungen seit 2007 zu vernachlässigen. Durch die Vergabe von Arbeitsbewilligungen lässt sich dieser Arbeitsmarkt je nach Konjunktur, saisonalem Bedarf und politischer Lage steuern.

Die Staatengemeinschaft subventionierte die palästinensische Autonomie von Anfang an. Die Sponsoren erwarteten, einen Prozess der wirtschaftlichen Entwicklung in Gang zu setzen, den die Bevölkerung als direkte Folge des Friedensprozesses identifizieren würde. Auf diese Weise hoffte man die Zustimmung der palästinensischen Bevölkerung zum Verhandlungskurs ihrer Führung zu sichern. Zwei große Geberkonferenzen erbrachten 1993 und 1998 Zusagen in Höhe von 6,8 Mrd. US-Dollar. Doch anders als erwartet stellten sich mit dem Friedensprozess ökonomische Erfolge nach Art eines Wirtschaftswunders nicht ein. Im Gegenteil verschlechterte sich die ökonomische und soziale Lage in den Autonomiegebieten seit der Unterzeichnung von „Oslo" 1993 fortwährend. Die Autonomiebehörde hatte dieser Entwicklung nichts entgegenzusetzen. Sie stand vor dem finanziellen Kollaps, als ihre Einnahmen einbrachen, weil Israel wiederholt den vertraglich vereinbarten Mehrwertsteuerausgleich auf den israelisch-palästinensischen Handel sowie die Erstattung von einbehaltenen Importzöllen, Einkommenssteuern und Krankenversicherungsbeiträgen für längere Zeit aussetzte, um unerwünschte Entscheidungen der PA zu sanktionieren. Nur mit Hilfe von Überbrückungskrediten und direkten Budgethilfen blieb der wichtigste Arbeitgeber in den Autonomiegebieten zahlungsfähig, so dass die Grundversorgung im Gesundheits- und Bildungssektor nicht zusammenbrach.

Die auch in wirtschaftlicher Hinsicht enttäuschten Erwartungen der Palästinenser trugen dazu bei, dass die Zustimmung zum Friedensprozess schwand. Die Frustration entlud sich schließlich im Herbst 2000 in der Al-Aqsa-Intifada. Seither verfolgen die Geber mit den Finanzhilfen kurzfristigere Ziele:

⇨ Nach Ausbruch des Aufstandes wurde ein Teil der Zahlungen, die ursprünglich für langfristige Entwicklungs- und Infrastrukturprojekte bestimmt waren, auf humanitäre Hilfe und Notprogramme für Beschäftigung, Wiederaufbau und Krankenversorgung verlagert (Asseburg 2003: 18).

⇨ Nach der Machtübernahme im Gazastreifen durch die Hamas im Jahr 2007 erbrachte eine Geberkonferenz

Zusagen in Höhe von 7,4 Mrd. US-Dollar. Sie waren indes ausschließlich für Projekte bestimmt, deren Gelingen die vom Westen unterstützte Regierung von Präsident Abbas im Westjordanland stärken sollte.

⇨ Nach den Gazakriegen 2008/09, 2012 und 2014 (vgl. Kap. 3.6) galten die internationalen Hilfszahlungen dem Wiederaufbau: 2009 wurden 4,5 Mrd. US-Dollar, 2012 über zwei Mrd. US-Dollar und 2014 rund 5,4 Mrd. US-Dollar zugesagt. Die tatsächlichen Zahlungen blieben allerdings stets weit hinter den Zusagen zurück – auch weil die israelische Blockade den Wiederaufbau im Gazastreifen massiv behinderte.

Ohne die Aussicht auf politische Lösungen ist keine grundlegende Verbesserung der wirtschaftlichen Lage in den palästinensischen Gebieten zu erwarten. Die Arbeitslosigkeit gehört mit einem Viertel der erwerbstätigen Bevölkerung zur höchsten der Welt (World Bank 2011a: 17). Infolge der politischen Spaltung zwischen dem Gazastreifen und dem Westjordanland hat sich die von jeher bestehende ökonomische Kluft zwischen den beiden Teilgebieten weiter vertieft. Nach drei Kriegen und unter den Bedingungen der israelischen Blockade herrscht in dem von der Hamas regierten Gazastreifen bittere Armut, mit einer Arbeitslosenquote von 42 Prozent und 58 Prozent Jugendarbeitslosigkeit im Jahr 2016 (World Bank 2016b). An einen Wiederaufbau des produzierenden Gewerbes und der Infrastruktur sowie die Rückkehr zur Produktion landwirtschaftlicher Güter auf dem Niveau von vor 2007 ist unter den Blockadebedingungen nicht zu denken.

Wenn sich die mit den Raketenangriffen aus dem Gazastreifen begründete Blockade mit der Erwartung verbinden sollte, dass die verarmte Bevölkerung ihre Regierung für die Lage verantwortlich macht und sich ihrer entledigt, so hat sich das als Fehlkalkulation erwiesen. Eher konnte Hamas ihre Herrschaft unter Blockadebedingungen durch die Besteuerung der Tunnelökonomie finanzieren und konsolidierte seit dem Gazakrieg 2008/09 ihre Herrschaft. Sie profitierte kurzzeitig vom Arabischen Frühling, der im Nachbarland der Muslimbruderschaft zur Regierungsverantwortung verhalf (vgl. Kap. 4.2.1.3). Der ägyptische Militärputsch vom 3. Juli 2013 beendete die „brüderliche Kooperation". Ägypten zerstörte die Tunnel und damit nicht nur eine wichtige Einnahmequelle der Regierung, sondern auch die Basis der Schattenwirtschaft Gazas. Um die lokale Wirtschaft wieder in Gang zu bringen, ist eine dauerhafte und verlässliche Öffnung der Grenzübergänge für Importe und Exporte unerlässlich. Wie allerdings das dafür erforderliche Grenzregime ins Werk gesetzt wird, ist von erheblicher Bedeutung für die Zukunft des palästinensischen Staatsprojekts. Verlässliche Vereinbarungen zwischen der Autonomiebehörde und der Hamas wären ein erster praktischer Schritt zu einer Überwindung der innerpalästinensischen Spaltung. Einen anderen Weg böte eine Wiederannäherung zwischen Ägypten und der Hamas, die der einstige Chef des Sicherheitsdienstes der PA in Gaza Mohammed Dahlan im Herbst 2016 betrieb (Othman 2016a). Gelingt der Plan zur Errichtung einer Freihandelszone für industrielle Erzeugnisse zwischen dem Gazastreifen und Ägypten (Othman 2016b), wäre eine

Vertiefung der innerpalästinensischen Spaltung nicht auszuschließen. Alternativ könnte Ägypten sich als Vermittler zwischen den konkurrierenden Lagern erneut in Stellung bringen.

Die internationalen Finanzhilfen haben die Folgen wiederkehrender Abriegelungen nach außen, interner Blockaden der Städte und Verkehrsverbindungen durch bemannte Kontrollpunkte und unbemannte feste oder fliegende Hindernisse sowie der Enteignung und Zerstörung landwirtschaftlicher Nutzflächen für den (Aus-) Bau israelischer Siedlungen, den Bau der Sperranlage oder neu ausgewiesene Naturschutzflächen nicht kompensieren können. Von hoher Bedeutung für die Entfaltung der palästinensischen Ökonomie im Westjordanland wäre vor allem die Nutzung der C-Gebiete (vgl. Kap. 3.3.3). Dort liegt nach Schätzungen der United Nations Conference on Trade and Development enormes Wachstumspotenzial. Die Einnahmen der PA würden sich um 800 Mio. US-Dollar und das Bruttoinlandsprodukt um 35 Prozent erhöhen, wenn palästinensische Unternehmen sich dort entwickeln könnten (UNCTAD 2016). Israel machte indes bis Ende 2016 keine Anstalten, eine solche Entwicklung zuzulassen (B'Tselem 2016c).

Bei dem hohen Bevölkerungswachstum können durchschnittliche Wachstumsraten von 3,5 Prozent keine ausreichende Beschäftigung generieren (World Bank 2016a). Zwar schlug sich der Wiederaufbau nach dem Gazakrieg 2014 und Israels vermehrte Ausgabe von Arbeitsgenehmigungen für palästinensische Pendler positiv auf dem Arbeitsmarkt nieder. Gleichwohl betrug im Jahr 2016 die Arbeitslosenquote in den Palästinensischen Gebieten 27 Prozent. Im Gazastreifen lag sie mit 42 Prozent noch höher und die Jugendarbeitslosigkeit erreichte gar 58 Prozent. Die externe Subventionierung der palästinensischen Gebiete verhinderte bisher deren wirtschaftlichen Kollaps, der mit beträchtlichem Risiko auch für Israels Sicherheit verbunden wäre. Insofern ermöglichte die Entwicklungszusammenarbeit, später durch direkte Budgethilfe und humanitäre Hilfsleistungen ergänzt, zugleich die Aufrechterhaltung der Besatzung bei geringen Kosten für Israel (Krieger 2013: 35).

Von entscheidender Bedeutung für eine nachhaltige Entwicklung ist, dass die Blockade der Verkehrswege im Westjordanland und die Sperrung der Grenzübergänge des Gazastreifens aufgehoben werden. Denn die Einschränkung der Bewegungsfreiheit für Personen und Güter durch die israelische Besatzungsmacht ist der entscheidende Grund für den desolaten Zustand der palästinensischen Wirtschaft. Dieser Zustand lässt sich zwar ökonomisch messen. Aber er beruht auf extrem asymmetrisch verteilten Machtressourcen und ist damit in erster Linie politisch bedingt.

4.2 Die Akteure

4.2.1 Die Konfliktparteien

Yitzhak Rabin und Yassir Arafat, die einander 1993 zusicherten, den Jahrhundertkonflikt im Nahen Osten auf dem Verhandlungswege beilegen zu wollen, sprachen für zwei Gemeinwesen, aus deren Mitte heraus Gegner des Friedensprozesses, sogenannte Vetogruppen, gegen den Verhandlungskurs der politischen Führungen mobil machten. In Israel waren es die mit dem religiösen Lager verbündeten Siedler, die den Friedensprozess unterminierten, auf palästinensischer Seite die Milizen der Opposition, die den bewaffneten Befreiungskampf fortzusetzen entschlossen waren.

4.2.1.1 Israel

Nach der Ermordung des israelischen Ministerpräsidenten Rabin am 5. November 1995 kam der Friedensprozess zum Stillstand. Rabin hatte sich in der Knesset nur auf eine hauchdünne Mehrheit stützen können. Er hatte darum den Konflikt mit der Siedlerlobby gescheut und zugelassen, dass sich in seiner Regierungszeit die Siedlungen weiter ausdehnten. Mit Rabins Nachfolger Benjamin Netanjahu, der nach einer Serie palästinensischer Terrorattentate seinen Wahlkampf ganz auf das Thema „Sicherheit" abgestellt hatte, stand nunmehr ein erklärter Gegner des Prinzips „Land für Frieden" an der Spitze der Regierung.

Der Widerstand gegen territoriale Kompromisse wird von der Siedlerbewegung angeführt, die aus der national-religiösen Strömung der israelischen Juden hervorgegangen ist. Die National-Religiösen unterstützten seit den 1920er Jahren den Staatsbildungsprozess, den sie als erstes Anzeichen für das bevorstehende Kommen des Messias deuteten, und interpretierten den Sechstage-Krieg 1967 als Teil des Erlösungsprozesses (Baumgart 2006:

148 f.). Sie gingen mit den großen säkularen Parteien Allianzen ein und waren an fast jeder Regierungskoalition beteiligt. Ihre religiöse Deutung des zionistischen Projekts machte sie zu den Vorreitern eines allgemeinen Trends, in dem sich die Religiösen und die Verfechter eines Groß-Israels einander annäherten.

Als Antwort auf den Schock des vierten Nahost-Krieges 1973, in dem die anfänglich erfolgreichen ägyptischen und syrischen Armeen den Mythos der unbesiegbaren israelischen Streitkräfte zerstört hatten und die USA das am Ende dennoch siegreiche Israel zwangen, seine territorialen Gewinne wieder herauszugeben, gründeten radikale Siedler 1974 Gush Emunim (Block der Getreuen). Religionssoziologisch eine „religiös-politische Sekte" (Zertal/Eldar 2007: 240), agierte Gush Emunim fortan als Speerspitze der Siedlerbewegung. Mit dem Sieg Likuds in den Parlamentswahlen 1977 wurde Gush Emunim zum stillen, aber einflussreichen Teilhaber der Regierung. Seine Mission findet sich nicht nur in der Programmatik des national-religiösen Lagers, sondern dient auch den nationalistischen Parteien säkularen Zuschnitts zur Legitimierung ihrer expansionistischen Programmatik (Baumgart-Ochse 2014: 419). Die national-religiösen Siedler verstehen sich als Avantgarde des jüdischen Volkes. In ihren Augen sind die besetzten palästinensischen Gebiete Teil des biblischen „Kernlands" der Juden. Aus ihrer Sicht vollziehen sie göttlichen Willen, wenn sie mit dessen Besiedlung die Erlösung des Landes als Voraussetzung für die Erlösung des auserwählten jüdischen Volkes vorantreiben: als „Werkzeug Gottes" (Baumgart 2010: 35). In dieser messianischen

Überzeugung hat die Gründung von Siedlungen in den besetzten Gebieten ihre Wurzel und sie motiviert auch den vehementen Widerstand gegen deren eventuelle Räumung im Zuge von Friedensvereinbarungen.

Die frühen, staatlich nicht genehmigten Versuche, jüdische Siedlungen im dicht bevölkerten Hügelland des Westjordanlandes zu gründen, fanden die Unterstützung einflussreicher Politiker. Mit der Übernahme der Regierungsverantwortung durch Likud im Jahr 1977 wurden die von den Regierungen der Arbeitspartei zunächst nur geduldeten Siedlungen legalisiert. Vorangetrieben von Ariel Scharon als Landwirtschafts-, als Verteidigungs- und als Bauminister setzte eine systematische und mit finanziellen Anreizen versehene Siedlungspolitik ein, im Laufe derer sich die Zahl der Siedler im Westjordanland (ohne Ost-Jerusalem) von 4 400 im Jahr des Regierungswechsels auf 100 500 im Jahr 1992 erhöhte, als Rabin die Wahlen gewann. Trotz anderslautender Rhetorik der Arbeitspartei nahm der Einfluss der Siedlerlobby auch während der Regierungszeit Rabins nicht ab – die Zahlen sprechen eine deutliche Sprache: Als Likud die Arbeitspartei 1996 wieder ablöste, lebten bereits 139 000 jüdische Siedler im Westjordanland (ohne Ost-Jerusalem) und in Ost-Jerusalem stieg ihre Zahl im gleichen Zeitraum von 141 000 auf 160 400 (B'Tselem 2010). Angelockt durch Steuervergünstigungen, niedrige Grundstückspreise und die Aussicht auf ein Haus im Grünen zogen viele israelische Familien in die Siedlungszentren nahe der grünen Linie. Zwanzig Jahre später siedelten bereits über 750 000 jüdische Israelis in den besetzten Gebieten. Der Erfolg der Siedlerbewegung erklärt sich

nicht zuletzt mit der „Doppelstrategie" der ultra-natio-
nalistischen religiösen Siedler als „außerparlamentari-
sche Protestbewegung *und* als Teil der israelischen Politik und des Verwaltungsapparats" (Baumgart 2013: 44).

Der Siedlerrat (Yesha Council), Dachverband der regionalen und lokalen Selbstverwaltungsräte, agiert als
Interessenvertretung der Siedler. Hier sind die Religiösen überproportional vertreten. Seinen politischen Einfluss in den besetzten Gebieten verdankt er vor allem seiner zähen Lobbyarbeit, von dem alle Siedler, ob religiös
oder säkular, in Form von Subventionen, Konzessionen,
Behördenjobs etc. profitieren.

Formell ist die Siedlerbewegung mit keiner Partei li-
iert. Aber Teile des Likud und eine Reihe von Rechts-
parteien agieren in der Knesset als ihre parlamentarische Interessenvertretung: die National-Religiöse Partei
(Mafdal), die sich stets als der „parlamentarische Arm"
der Siedlerbewegung verstand, die Partei der orientali-
schen (oder sephardischen) Ultraorthodoxen Schas (Se-
phardische Thora-Wächter), die Parteien der europäischen (oder ashkenasischen) Ultraorthodoxen Degel Ha
Thora (Thora-Banner) und Agudat Israel (Vereinigung
Israel) oder die beiden säkular ausgerichteten Parteien
Israel Beitenu (Unser Haus Israel) der neuen Immigranten aus der ehemaligen Sowjetunion und die Nationale
Union, die seit langem einen „Transfer" der Palästinenser in die arabischen Nachbarstaaten propagiert. Die genannten Parteien gehen mitunter Bündnisse ein, um
ihre Wahlchancen zu erhöhen. Mitunter fusionieren sie
unter neuem Namen. Der Zusammenschluss von National-Religiöser Partei und Teilen der Nationalen Union

zur Partei Habajit Hajehudi (= Jüdisches Heim) im November 2008 zeigt, dass im rechtkonservativen Lager die politische Grenze zwischen säkularen und religiösen Parteien verschwimmt. Dem Bündnis mit den National-Religiösen ferngeblieben sind etliche Parlamentarier der Nationalen Union, die als Sympathisanten der militanten „Hilltop-Jugend" gelten. Auf das Konto dieses extremistischen Flügels der Siedlerbewegung gehen Angriffe unter dem Etikett „price tag". Die „Preisschild"-Strategie geht zurück auf den Widerstand radikaler Siedler gegen den israelischen Abzug aus dem Gazastreifen 2005 (vgl. Kap. 4.1.2). Die Attacken richten sich nicht nur gegen Palästinenser und ihr Eigentum, sondern auch gegen israelische Sicherheitskräfte. Anlässe sind in der Regel entweder Maßnahmen der israelischen Behörden, die in den Augen der Gewalttäter dem Siedlungsprojekt schaden oder Gewalttaten von Palästinensern gegen Siedler. Hinter der Strategie steht die erklärte Absicht, einen Teufelskreis von Rache und Vergeltung in Gang zu setzen, der jegliche Annäherung der Konfliktparteien untergraben würde. Doch es ist nur eine Minderheit, die für diese Gewaltakte verantwortlich ist. Für den Brandanschlag auf eine palästinensische Familie im Juli 2015, bei der ein Säugling und seine Eltern den Tod fanden, wählten israelische Regierungsmitglieder erstmalig den Begriff Terror (vgl. 4.1.1). In ihrer öffentlichen Verurteilung des Brandanschlags verwiesen die in der Knesset vertretenen religiösen Parteien auf die Unvereinbarkeit der Motive der Täter mit den Werten des Judentums.

Bei den Wahlen zur Knesset blieben die religiösen Parteien zusammengenommen stets unter einem Viertel aller Wählerstimmen. Indes ist der Einfluss der Religiösen auf Regierungsentscheidungen bedeutend größer als ihr Anteil vermuten lässt. Die Gründe hierfür liegen in der Fragmentierung der israelischen Parteienlandschaft (Johannsen 2006). Aufgrund des Verhältniswahlrechts und einer niedrigen Sperrklausel (die allerdings in mehreren Schritten von einem Prozent im Jahr 1951 auf 3,25 Prozent im Jahr 2015 angehoben wurde, um Mehrheitsbildungen zu erleichtern) war das israelische Parlament von Anbeginn an das Spiegelbild einer vielgestaltigen Gesellschaft, für die der israelische Fernsehjournalist David Witzthum die plakative Bezeichnung „Israel der Stämme" (Witzhum 2008) fand: Araber, Russen, Orientalisch-Religiöse, National-Religiöse, Ultra-Orthodoxe. Die übrigen, höchstens noch ein Drittel, definieren sich nicht über Herkunft oder religiöse Prägung, sondern über ihre israelische Staatsbürgerschaft. Der Preis für das angestrebte Maximum an demokratischer Repräsentativität besteht in einer hochgradigen Zersplitterung des politischen Systems. Infolgedessen waren israelische Regierungen bisher stets Koalitionsregierungen, in denen kleine Parteien oft einen disproportional großen Einfluss ausübten.

Dennoch waren die beiden großen Parteien, die sozialdemokratische Arbeitspartei und der nationalkonservative Likud, über vier Jahrzehnte lang in den von ihnen geführten Regierungen die mit Abstand stärksten politischen Kräfte. Das stabile Zweiparteiensystem löste sich in den 1990er Jahren auf und machte einem instabilen System mit einem wachsenden Anteil an Wech-

Sitzverteilung in der Knesset 2015, 2013, 2009, 2006

Partei/Parteienbündnis	2015 Sitze	Partei/Parteienbündnis	2013 Sitze	Partei/Parteienbündnis	2009 Sitze	Partei/Parteienbündnis	2006 Sitze
Likud säkular, rechts	30	Likud + Israel Beitenu	31	Likud	27	Likud	---
		Kadima	2	Kadima	28	Kadima	29
Zionistische Union (Arbeitspartei + HaTnua = Die Bewegung) säkular, Mitte	24	Arbeitspartei	15	Arbeitspartei	13	Arbeitspartei	19
		HaTnua	6	---	---	---	---
Vereinte Liste (arabisch)	13	Vereinigte Arabische Liste	4	Vereinigte Arabische Liste	4	Vereinigte Arabische Liste	4
		Chadasch (Demokratische Front für Frieden und Gleichberechtigung)	4	Chadasch	4	Chadasch	3
		Balad	3	Balad	3	Balad	3
Jesh Atid (Es gibt eine Zukunft) säkular, liberal	11		19	---	---	---	---

Partei/Parteienbündnis	2015 Sitze	Partei/Parteienbündnis	2013 Sitze	Partei/Parteienbündnis	2009 Sitze	Partei/Parteienbündnis	2006 Sitze
Kulanu (Wir alle) säkular, Mitte	10	---	---	---	---	---	---
Jüdisches Haus national-religiös, rechts	8	Jüdisches Haus	12	Jüdisches Haus	3	Nationale Union + Mafdal (National-religiöse Partei) + Moledet (Heimat) + Tekuma (Auferstehung)	9
				Nationale Union II	4		
Schas religiös, rechts	7	Schas	11	Schas	11	Schas	12
Israel Beitenu (Unser Haus Israel) säkular, rechts	6	s. o.	---	Israel Beitenu	15	Israel Beitenu	11
Vereintes Thora Judentum religiös, rechts	6	Vereintes Thora Judentum	7	Vereintes Thora Judentum	5	Vereintes Thora Judentum	6
Meretz (Energie) säkular, links	5	Meretz	6	Meretz	3	Meretz	5

Quelle: Eigene Darstellung auf Basis von Knesset Election Results, http://tinyurl.com/jrp8a3b.

selwählern und einem Bedeutungszuwachs von Klientel-
parteien Platz.

Der gewachsene Einfluss der Religiösen stellt eine Politik der israelisch-palästinensischen Aussöhnung vor
enorme Probleme. Denn zwischen Religiosität und politischem Standort besteht eine hohe Korrelation: Tiefe
Religiosität geht einher mit tiefem Misstrauen gegenüber den Palästinensern und vehementer Opposition
gegen die Rückgabe von Land sowie die Teilung Jerusalems. Auch Teile der ursprünglich säkularen israelischen
Rechten greifen inzwischen zu einer religiösen Begründung für die Ablehnung der Formel „Land für Frieden"
und erklären das Land ebenfalls für „heilig", das heißt
unteilbar und damit unverhandelbar. Die Verbindung
zwischen Religion und Nationalismus ist eine neuere
Entwicklung im Zionismus, die im Zuge der Erobe-
rungen von 1967 und der Wiederaufnahme der Landnahme erheblich an Bedeutung und Brisanz gewonnen
hat. Langfristige gesellschaftliche Trends, vor allem das
stete Wachstum des religiösen Bildungssektors, sprechen für einen weiteren Bedeutungszuwachs der Religiösen im politischen System. Mittlerweile besucht fast
die Hälfte der jüdischen Schülerinnen und Schüler im
Grundschulalter eine ultraorthodoxe oder staatliche jüdische religiöse Schule. Ein Ende des Trends ist nicht
erkennbar. Unter der Voraussetzung, dass Vertreibun-
gen in großem Stil ausgeschlossen sind, erlaubt die enge
Verbindung von Religion und Landnahme keine „Trennung" von den Palästinensern, wie sie noch 2005 anläss-
lich des israelischen Abzugs aus dem Gazastreifen propagiert wurde. Zu dem Preis einer Aufgabe des Konzepts

„Großisrael" scheint über die Hälfte der jüdischen Israelis dazu auch nicht bereit (Yaar/Hermann 2016a). Solange die säkulare Mehrheit im israelischen Judentum ihr Verständnis von dem, was „jüdisch" in der Selbstdefinition des Staates Israel bedeuteten soll, dem der jüdischen Orthodoxie unterordnet (vgl. Zimmermann 2010: 70–77), scheint eine „freiwillige" Trennung ausgeschlossen.

Ein Faktor in der israelischen Innenpolitik, der international weniger Schlagzeilen macht als Regierungschefs, Parteivorsitzende oder Generäle, sind die Organisationen der Friedensbewegung. Sie sind als Teil der außerparlamentarischen Opposition zu betrachten. Ihr Einfluss auf die Politik ist schwer zu beziffern. Sie können aber langfristig das gesellschaftliche Klima verändern, das auch von den politischen Entscheidungsträgern zu berücksichtigen ist. In der israelischen Demokratie haben Nichtregierungsorganisationen der israelischen Friedensbewegung wie Schalom Achschaw (Frieden Jetzt) und Gusch Schalom (Friedensblock) oder NGOs, die Menschenrechtsverstöße der israelischen Besatzungsmacht dokumentieren wie z. B. B'Tselem (Ebenbild), das Israelische Komitee gegen Häuserzerstörung oder Machsom Watch (Machsom = Kontrollpunkt) grundsätzlich die Chance, in der Bevölkerung für Alternativen zur Besatzung und Besiedlung des besetzten Landes zu werben, auf diese Weise Einfluss auf Wählerentscheidungen zu nehmen und tragfähigen Konfliktlösungen den Boden zu bereiten (Qualmann 2002: 226). Gewaltlosigkeit, so ihre Erwartung, wird ihrem Anliegen eher Sympathien einbringen als Waffengewalt.

Erschwert wird ihre Arbeit allerdings durch den Versuch der israelischen Rechten, ihnen die Legitimität abzusprechen. Ab 2017 müssen NGOs, die mehr als die Hälfte ihrer Gelder von ausländischen Regierungen oder internationalen Organisationen beziehen, ihre Finanzquellen offenlegen. Die Regelung betrifft fast ausschließlich regierungskritische NGOs wie z. B. B'Tselem, die für ihre Menschenrechtsarbeit Gelder von europäischen Regierungen erhalten. Rechte Gruppierungen finanzieren sich hingegen zumeist aus privaten Spenden und fallen nicht unter das sogenannte Transparenzgesetz. Es wirkt darum wie „maßgeschneidert, um regierungskritische Organisationen ... als ‚unisraelisch' zu brandmarken" (Lintl 2016: 5).

Von dem Gesetz betroffen ist auch die von Soldaten und Reservisten gegründete NGO Schovrim Schtika (Breaking the Silence/Das Schweigen brechen), die über ihre Einsätze in den besetzten Gebieten und dabei auch über mögliche Kriegsverbrechen, z. B. im Gazakrieg 2014 berichten (vgl. Kap. 3.6). 2008 wurde sie für ihre Arbeit von der Vereinigung für Bürgerrechte in Israel *(The Association for Civil Rights in Israel, ACRI)* ausgezeichnet. Wenn es allerdings nach dem Willen des israelischen Generalstaatsanwalts geht, wird Schovrim Schtika künftig die Namen ihrer Informanten offenlegen müssen. Das wäre vermutlich das Ende der Organisation. Am Umgang mit der Fundamentalkritik an der Besatzungsrealität messen nicht nur deren Kritiker, sondern auch erklärte Freunde Israels die Substanz seines Anspruchs als einziger Demokratie im Nahen Osten.

4.2.1.2 Die Palästinenser

Auf Seiten der Palästinenser fühlte sich die außerpar-
lamentarische Opposition nicht an den Gewaltverzicht
der PLO von 1993 gebunden. Sie betrachtete die Aussicht auf einen palästinensischen „Ministaat" auf dem
Territorium des Westjordanlandes und des Gazastreifen
als Verrat an den nationalen Zielen des palästinensischen
Volkes und sagte dem Verhandlungskurs der PLO den
Kampf an. Mit Terroranschlägen in israelischen Städten
untergrub sie die Glaubwürdigkeit des Friedensprozesses und trug damit ihrerseits dazu bei, dass er auf Grund
lief. Die israelischen Siedlungsoffensiven, die unter den
Nachfolgern des ermordeten israelischen Ministerpräsidenten Rabin jeden Fortschritt bei Verhandlungen flan-
kierten, um die Fundamentalkritiker in den israelischen
Koalitionsregierungen ruhigzustellen, taten das ihre, um
Zweifel an der Glaubwürdigkeit der Prinzipien von Oslo
zu nähren.

Die Anschläge hatten neben nicht-religiösen Organisationen wie die panarabisch orientierte Volksfront für
die Befreiung Palästinas (PFLP) vor allem die Bewegungen Islamischer Dschihad und Hamas zu verantworten.
Sie waren nicht Teil der Palästinensischen Befreiungsorganisation (PLO) und entschlossen, den bewaffneten
Befreiungskampf fortzusetzen.

Der Islamische Dschihad hat sich bisher auf den bewaffneten Kampf beschränkt. Hamas hingegen ist weit
mehr als eine paramilitärische Organisation. Ihrem
Kampf gegen Israel lagen nicht nur national-religiöse
Motive zugrunde, sondern auch die Erwartung, die An-

hängerschaft der Hamas in der palästinensischen Gesellschaft, in der die säkulare Fatah-Bewegung Arafats
jahrzehntelang die politische Führung innehatte, zu vergrößern und damit ihren politischen Einfluss zu mehren.
Diesem Ziel waren ihre Operationen gegen Israel in der
Regel untergeordnet.

Hamas ist aus der palästinensischen Muslimbruderschaft entstanden, die ursprünglich die Wiederbelebung
islamischer Werte als Weg zur Lösung der palästinensischen Frage propagierte (Hroub 2000: 28). Formell etablierte Hamas sich Ende 1987 mit Ausbruch der ersten
Intifada. Allerdings hatte Hamas-Gründer Scheich Ah-
med Yassin, der 2004 einem israelischen Raketenangriff
zum Opfer fiel, bereits 1982 mit dem Aufbau eines militärischen Apparats begonnen. Bis zur Intifada trat dieser in den Flüchtlingslagern des Gazastreifens als interne
Ordnungsmacht auf, die Delikte wie Drogenhandel und
Prostitution ahndete und gegen Kollaborateure vorging.
Aus diesen Einheiten entstanden die Qassam-Brigaden,
der „bewaffnete Arm" der Hamas.

Die Hamas hat sich in ihrer Charta von 1988 die Befreiung des ganzen historischen Palästina (welches das
Territorium des Staates Israel einschließt) und die Errichtung eines islamischen Staates auf ihre Fahnen geschrieben. Es waren aber weniger ihre ideologischen Positionen, die der Hamas schon bald nach ihrer offiziellen
Gründung Zulauf bescherten, als ihre Kritik am Oslo-
Prozess und ihre Distanz zur palästinensischen Selbstverwaltung. Als Opposition wurde die Hamas nicht für
die enttäuschenden Resultate der Verhandlungen verantwortlich gemacht und ihr blieben die Korruptions-

vorwürfe erspart, mit denen sich die Autonomiebehörde konfrontiert sah. Aufgrund ihres Netzes an sozialen Einrichtungen und ihrer ideologischen Basis in den Moscheen und in der Islamischen Universität von Gaza war die Hamas in der palästinensischen Gesellschaft fest verankert und partizipierte durch ihre Repräsentanten in den Gremien von Universitäten, Gewerkschaften und Berufsverbänden stets auch an den politischen Strukturen der Autonomiegebiete.

Zu Lebzeiten des PLO-Vorsitzenden und Präsidenten der Palästinensischen Autonomiebehörde Yassir Arafat agierte die Hamas außerhalb der von Israel akzeptierten Strukturen der palästinensischen Nationalbewegung. Sie boykottierte die politischen Institutionen der Autonomiegebiete mit der Begründung, sie seien Teil von „Oslo" und damit illegitim, nahm 1996 nicht an den Wahlen teil und war darum bis zu den Parlamentswahlen 2006 nicht im Legislativrat der palästinensischen Autonomiegebiete vertreten.

Die Hamas finanzierte sich zu erheblichen Teilen aus Almosen und profitierte insofern von Wohltätigkeit als einer der fünf „Säulen des Islam". Ihr breit gefächertes soziales, ideologisches, politisches und militärisches Engagement sicherte ihr ein hohes Spendenaufkommen in der frommen palästinensischen Mittelschicht und in fundamentalistischen religiösen Kreisen der arabischen Welt. Ihre Attentate folgten stets kühler Berechnung. Wenn die Rahmenbedingungen nicht „stimmten", z. B. Anschläge unpopulär waren, wurden sie für längere Zeit „ausgesetzt" (Gunning 2007: 227–232). Die Hamas untergrub mit dieser kalkulierten Politik die Glaubwürdigkeit der PLO und der Autonomiebehörde als Partnerin Israels im Friedensprozess.

Denn die Terroranschläge provozierten harsche israelische Gegenmaßnahmen. Abriegelungen verschärften die ökonomische Krise in den Autonomiegebieten und unter den israelischen Militäroffensiven büßten die Organe der PA weitgehend ihre Funktionsfähigkeit ein – auch ihre Fähigkeit, den militanten Gruppen Einhalt zu gebieten. Damit verlor die PA ihren Wert als Verhandlungspartnerin für Israel. Der Fundamentalopposition, die ihre Kritik an „Oslo" nicht im Rahmen des politischen Systems artikulieren konnte, gelang es auf diesem Wege, die Verhandlungen zu torpedieren (Beck 2003: 118). Der Popularität der Hamas war dies jedoch nur so lange abträglich, wie der Konflikt auf diplomatischem Wege regelbar erschien. Als „Oslo" in die Sackgasse geriet und in der Al-Aqsa-Intifada beerdigt wurde, konnte sich die Hamas mit Bombenanschlägen den Beifall der Straße sichern. Ihre Anhängerschaft wuchs unter denjenigen Palästinensern, die nicht mehr an politische Verhandlungen glaubten.

2004 begann die Transformation der Hamas in eine politische Partei. Mit ihrer Teilnahme an den Kommunalwahlen 2004/2005 und den Parlamentswahlen im Januar 2006 bot sich der Bewegung die Chance, ihre Popularität in politische Macht umzusetzen – eine Kalkulation, die sich als richtig erwies. Die Hamas errang in den Parlamentswahlen die absolute Mehrheit (Baumgarten 2006: 172–175).

Die Entscheidung der Hamas, sich dem Votum der Wähler zu stellen und politische Verantwortung zu übernehmen, wurde in der Politik wie in der Wissenschaft kontrovers beurteilt. Die einen erwarteten davon einen mäßigenden Einfluss auf die Bewegung und argumentierten damit, dass sich die Hamas künftig an die Spielregeln der Demokratie halten müsse, wenn sie sich die Gunst ihrer Wähler erhalten wolle, und setzten auf eine Stärkung der Pragmatiker im Verhältnis zu Israel. Andere hielten dagegen, dass demokratische Wahlen nicht mit der Teilnahme einer Organisation unter Waffen vereinbar seien. In der Tat hielt die Hamas vorerst an der grundsätzlichen Option des bewaffneten Widerstandes gegen die Besatzung fest, was Israel nach dem Wahlsieg der Hamas mit einem Finanzboykott beantwortete, dem sich die USA und die EU anschlossen.

Mit seiner Politik diplomatischer Isolierung und finanzieller Strangulierung der Hamas-Regierung nahm der Westen einen palästinensischen Bürgerkrieg in Kauf. Denn der Boykott ermutigte die in den Wahlen unterlegene Fatah, auf ein Scheitern der Hamas-Regierung zu setzen. Anders als die Hamas hatte sich die Fatah-Bewegung mit dem Gewaltverzicht Arafats vom bewaffneten Befreiungskampf verabschiedet. Doch als der Oslo-Prozess scheiterte, griffen Teile Fatahs erneut zur Gewalt. Die Fatah-Milizen wurden unter dem Namen „Al-Aqsa-Märtyrer-Brigaden" bekannt. Ein guter Teil der Guerilla-operationen in den besetzten Gebieten und seit 2002 auch der Terroranschläge in Israel geht auf ihr Konto. Allerdings war die Rückkehr der Fatah-Milizen zum bewaffneten Kampf nicht nur durch den Widerstand gegen die Besatzung motiviert. Sie verfolgten, ähnlich wie die Hamas, mit ihren Operationen gegen Israel auch innenpolitische Ziele. In der Al-Aqsa-Intifada unterminierten sie Seite an Seite mit der Hamas und dem Islamischen Dschihad – und zugleich in Konkurrenz zu ihnen – die Autorität der PA. Die Brigaden wurden im Verlauf des Aufstands zur Belastung für die staatstragende Fatah bzw. deren Führungspersonal. Israel warf der Autonomiebehörde und besonders Arafat vor, hinter den Gewaltakten der Brigaden zu stecken und folglich ihre vertraglichen Verpflichtungen aus dem Oslo-Abkommen, namentlich den Gewaltverzicht, zu verletzen.

Der Opposition der Fatah-Milizen gegen die politischen Autoritäten lagen tiefgehende Differenzen innerhalb der Fatah und der von ihr dominierten PLO zugrunde. In dem Maße, wie die Ergebnisse des Friedensprozesses hinter den Erwartungen der Palästinenser zurückblieben, sich die wirtschaftliche Lage verschlechterte und sich in der PA Misswirtschaft und Korruption breit machten, büßte die „alte Garde" ihr Ansehen ein. Von dieser Entwicklung profitierte die jüngere Generation in der Fatah. Zwar wurden etliche von ihnen in die Institutionen der PA, vor allem in den Legislativrat und die Sicherheitsorgane, integriert. Dennoch erwuchsen der autoritären Regierungsführung Arafats aus ihren Reihen artikulierte Kritiker (vgl. International Crisis Group 2002: 7 f.). Zu ernsthaften Konkurrenten der alten Garde wurden sie im Zuge der Al-Aqsa-Intifada, deren Strategie und Taktik sie wesentlich mitbestimmten. Die Entscheidungsgewalt über militärische Operationen lag weitgehend in den Händen lokaler Kommandeure, die sich den Kontrollansprüchen der politischen Autoritäten entziehen konnten.

Vielfach wurde Arafat für die Al-Aqsa-Intifada verantwortlich gemacht. Für die israelische Regierung und weite Teile der israelischen Öffentlichkeit war er schlichtweg ein „Terrorist". Das ist mit Sicherheit eine Vereinfachung. Ob der „Vater der palästinensischen Nation" mit seinem aus dem Befreiungskampf stammenden Charisma den Kämpfern wirklich hätte Einhalt gebieten können ohne einen Bürgerkrieg zu riskieren, ist zweifelhaft. Solange die Mehrheit der Bevölkerung an den bewaffneten Aufstand gegen die Besatzung glaubte, brauchte Arafat die Militanten „seiner" Fatah. Ohne sie hätte Fatah das Feld des bewaffneten Kampfes der islamistischen Konkurrenz überlassen müssen. Es scheint, als hätten die Al-Aqsa-Brigaden generell Arafats Führungsrolle in der Fatah respektiert. Aber es ist fraglich, ob sich dieser Respekt in die Fähigkeit Arafats, sie seiner Kontrolle zu unterwerfen, übersetzen ließ.

Die zentrale Kontrolle erodierte nach dem Tod Arafats weiter und die Grenzen zwischen politisch und kriminell motivierter Gewalt verwischten sich. Die um sich greifende Gesetzlosigkeit unterminierte zusehends den Zusammenhalt der Gesellschaft und die PA war nicht in der Lage die Gewalt einzudämmen. Denn der Wahlsieg der Hamas hatte der PA eine Doppelspitze beschert: einen Präsidenten von der Fatah und einen Ministerpräsidenten von der Hamas. In dieser Konstellation lag erhebliches Konfliktpotenzial, vor allem wegen der Konkurrenz um die Kontrolle der Bewaffneten im Staatsdienst. Nach dem Amtsantritt der Hamas-Regierung im März 2006 brachen zwischen den rivalisierenden Bewegungen Kämpfe aus, die eine im März 2007 gebildete nationale

Einheitsregierung beenden sollte. Auch für eine Wiederaufnahme der israelisch-palästinensischen Verhandlungen bot ihr Programm eine Handhabe. Denn darin verpflichtete sich die Regierung auf die Einhaltung der PLO-Beschlüsse, mit denen diese sich zur Zwei-Staaten-Regelung bekannt und den Gewaltverzicht im Streben nach nationaler Selbstbestimmung sowie die Anerkennung des Existenzrechts Israels in sicheren Grenzen zu Eigen gemacht hatte (vgl. Kap. 3.3.2).

Doch das Arrangement einer Machtteilung zwischen den rivalisierenden Organisationen war nur von kurzer Dauer. Im Juni 2007 kam Hamas einem befürchteten Putsch der Fatah zuvor und brachte in einem blutigen Coup den von Fatah dominierten Sicherheitsapparat im Gazastreifen unter ihre Kontrolle. Der im Westjordanland residierende Präsident Abbas setzte die Einheitsregierung ab, rief den Notstand aus, ernannte eine neue Regierung ohne Hamas-Beteiligung und regierte seither am Parlament vorbei mit Dekreten. Im Dezember 2016 wurde er im Alter von 81 Jahren auf dem 7. Parteitag der Fatah in seinen Parteiämtern sowie im PLO-Vorsitz bestätigt. Er bekräftigte überdies seine Absicht, auch sein Amt als palästinensischer Präsident weiterhin auszuüben. Ob ihm das wie angekündigt für die kommenden fünf Jahre gelingt, ist allerdings nicht sicher. Zur innerparteilichen Opposition kam auch Kritik von Ägypten, Jordanien und Saudi-Arabien, die auf eine Versöhnung mit seinem Erzrivalen Mohammed Dahlan sowie auf Verhandlungen mit der Hamas drängten.

Die palästinensischen Autonomiegebiete sind politisch zweigeteilt: Die von Abbas 2007 ernannte Regierung

und ihre Nachfolger haben ihre Basis im Westjordanland, anerkannt von Israel, diplomatisch und finanziell
unterstützt von den USA und der EU. Die von Abbas für
abgesetzt erklärte Regierung herrscht unter Führung der
Hamas im Gazastreifen, von Israel, den USA und der EU
in der Erwartung boykottiert, die Hamas zur Aufgabe
zu zwingen. Die von Israel überdies verhängte Blockade
des Gazastreifens stürzte das dicht besiedelte Küstenge-
biet in eine humanitäre Katastrophe. Dennoch gelang es
der Hamas, ihre Kontrolle zu konsolidieren.

Im Westjordanland und im Gazastreifen haben sich
Fatah und Hamas als „Staatsparteien" eingerichtet. Keine der beiden Regierungen ist demokratisch legitimiert
und fällige Neuwahlen wurden immer wieder hinaus-
geschoben. Vordergründig konnten sich Fatah und Hamas nicht auf ein Wahlgesetz einigen. Die Gründe dafür liegen auf der Hand: Um sich auf ein von beiden
als fair angesehenes Wahlgesetz zu einigen, bedarf es
der Bereitschaft, auf die Alleinherrschaft zu verzichten.
Darum ist es schlecht bestellt. Dreistaatlichkeit (neben
Israel zwei palästinensische Staaten) hat unter den Palästinensern keine Befürworter. Die Bevölkerung wünscht
in ihrer übergroßen Mehrheit eine Versöhnung zwischen
den „feindlichen Brüdern". Sie weiß, dass es ohne eine
Überwindung der Spaltung keinen vollwertigen Staat
Palästina geben wird. Denn unter den Bedingungen der
Spaltung kann Israel dem Verhandlungspartner aus Ramallah im Westjordanland vorhalten, er repräsentiere
nur einen Teil der Palästinenser und sei darum nicht in
der Lage, Israel die Sicherheit zu garantieren, die Voraussetzung für einen Abzug der israelischen Truppen sei.

Die internationale Berichterstattung über die palästinensische Gesellschaft wird von der Konkurrenz um politische Macht zwischen Fatah und Hamas dominiert. Neben diesen beiden großen Lagern und einigen kleinen Parteien engagieren sich als dritte Kraft zivilgesellschaftliche Bewegungen für die Belange der unter Besatzung lebenden und autoritär regierten Bevölkerung, ohne dass diesem gewaltfreien Engagement im Ausland oder auch in Israel viel Aufmerksamkeit zuteil wird. Bevor in den Palästinensischen Gebieten staatliche Strukturen entstanden, erfüllten Nicht-Regierungs-Organisationen weitgehend die Aufgaben des öffentlichen Sektors, insbesondere im Gesundheits- und Sozialwesen. Sie waren zum bevorzugten Partner der internationalen Organisationen geworden, über die das Gros der Hilfsgelder in die palästinensischen Gebiete floss. Als die Selbstverwaltungskapazitäten der PA zerfielen, waren es neben der Hamas vor allem die zivilgesellschaftlichen Organisationen, die der Not leidenden Bevölkerung Hilfe leisten konnten.

Die zivilgesellschaftlichen Organisationen gründeten im September 1993, unmittelbar nach Unterzeichnung der israelisch-palästinensischen Grundsatzerklärung, eine Dachorganisation mit Namen „Palestinian Non Governmental Organisations Network" (PNGO). Das Netzwerk engagiert sich auf zahlreichen gesellschaftlichen Feldern: Gesundheit, Bildung, Wissenschaft, Kunst und Kultur, Medien, Menschenrechte, Frauenrechte, Wohlfahrt, Umwelt, Landwirtschaft etc. Seine Mitgliedsorganisationen haben sich vorgenommen, die Rolle der Zivilgesellschaft beim Kampf für einen unabhängigen Staat Palästina zu stärken, der den Prinzipien der Demokratie, sozialen Gerechtigkeit und Achtung der Menschenrechte verpflichtet ist. Diese dritte Kraft wäre kein bequemerer Verhandlungspartner für Israel als die beiden großen bisher behandelten politischen Lager. Denn weil Gewaltfreiheit und Rechtsstaatlichkeit zu den konstitutiven Merkmalen dieses Netzwerks gehören, finden ihre Vertreter international dort Gehör, wo die Beachtung völkerrechtlicher Standards einen hohen Stellenwert besitzt, z. B. in der UNO-Menschenrechtskommission. So hat PNGO z. B. 2005, ein Jahr nach dem Rechtsgutachten des Internationalen Gerichtshofes zur Illegalität der Sperranlage im Westjordanland (vgl. Kap. 4.1.2), internationale Sanktionen gegen Israel gefordert und dazu aufgerufen, Investitionen abzuziehen, bis Israel in seiner Besatzungspolitik die Bestimmungen des internationalen Menschenrechtsschutzes einhält und die de facto-Annexion palästinensischen Landes beendet. In seinem Aufruf nahm PNGO ausdrücklich Bezug zu dem erfolgreichen gewaltlosen Kampf gegen das Apartheidregime Südafrikas.

Zur Arbeit von PNGO gehören inzwischen auch Bemühungen um eine Überwindung der innerpalästinensischen Spaltung (vgl. PNGO 2016). Die potenzielle Stärke der zivilgesellschaftlichen Akteure liegt darin, dass sie weder mit dem Makel der Korruption noch mit dem des Terrors behaftet sind. Sie können darum ein ernstzunehmender Faktor bei der Suche nach einer Lösung des Konflikts sein, wenn sie ihr Gewicht auch in das politische System einbringen. In einem Klima der politischen Polarisierung warben führende Vertreter und Vertreterinnen des zivilgesellschaftlichen Sektors wie Mustafa Barghouti, Salam Fayyad und Hanan Aschrawi in den Parlamentswahlen 2006 für eine demokratische Alternative zu den großen palästinensischen Widerstandsbewegungen Fatah und Hamas. Sie können auf jahrzehntelange Erfahrung im politischen Geschäft zurückblicken. Aber im Legislativrat blieben sie eine kleine Minderheit. Auf dieser aus der Zivilgesellschaft heraus agierenden dritten Kraft, die ihren Anspruch auf Mitwirkung am Staatsaufbau nicht aus einer Teilnahme am bewaffneten Kampf ableitet, sondern aus den Leistungen, die sie für das Leben und Überleben der Gesellschaft im Widerstand gegen die Besatzung erbringt, ruhen die Hoffnungen vieler internationaler Organisationen, die dem bedrängten Gemeinwesen Hilfe von außen bringen. Man betrachtet sie als mögliche Führungsfiguren eines reformierten politischen Systems, mit dem ein friedensbereites Israel einen Neuanfang in den israelisch-palästinensischen Beziehungen wagen könnte. Bisher hat die säkulare zivilgesellschaftliche Strömung den beiden großen Lagern allerdings nicht ernsthaft Konkurrenz machen können. Wenn Israel in den Beziehungen zu den Palästinensern einen Neuanfang wagen will, kommt es an den beiden großen Blöcken Fatah und Hamas vorerst nicht vorbei.

4.2.1.3 Die arabischen Staaten

Neben den beiden direkten Konkurrenten um das Land zwischen Jordan und Mittelmeer haben die arabischen

Staaten, vor allem die direkten Nachbarn, die Zukunft Palästinas immer auch als ihre Sache betrachtet. Dafür gibt es mehrere Gründe, unter anderem die gemeinsame Sprache und Religion, die Heiligen Stätten des Islam in Jerusalem, die gemeinsame Geschichte unter der osmanischen Herrschaft, die geteilte Kolonisierungserfahrung und die Existenz einer großen palästinensischen Diaspora in den umliegenden arabischen Staaten.

Ägypten, das mit 90 Millionen Einwohnern bevölkerungsreichste arabische Land, hat traditionell eine Führungsrolle im israelisch-arabischen Konflikt inne. Bis zum vierten Nahost-Krieg 1973 hatte Ägypten sich an der Sowjetunion orientiert, die es diplomatisch unterstützte und mit Waffen versorgte. Nach dem Krieg aber näherte Ägypten sich den USA an, von denen es sich Vermittlungsdienste bei dem Versuch versprach, den Sinai auf dem Verhandlungsweg zurückzuerhalten – die Sowjetunion schied als Vermittlerin aus, weil sie seit der Niederlage der arabischen Staaten im dritten Nahost-Krieg 1967 keine diplomatischen Beziehungen mehr zu Israel unterhielt. Das Kalkül von Staatspräsident Sadat ging auf: Der israelisch-ägyptische Friedensvertrag von 1979 führte zur schrittweisen Rückgabe des Sinai an Ägypten (vgl. Kap. 2.3.4), allerdings um den Preis der Suspension der ägyptischen Mitgliedschaft in der Arabischen Liga. Eine Folge der jahrelangen Isolierung Ägyptens in der arabischen Welt war, dass es nolens volens zu einem der verlässlichsten Partner der USA in der Region wurde. Erst 1989 konnte der damalige Vorreiter im Friedensprozess wieder mit vollen Rechten in die Arabische Liga zurückkehren.

Ägyptens regionale Bedeutung basierte auf seiner Doppelrolle als arabischer Führungsstaat und Partner der USA. Es richtete die wichtigsten arabischen Gipfel- und Außenministertreffen aus, auf denen die ägyptische Diplomatie zumeist den Ton angab. Seit 1996, als der israelisch-palästinensische Friedensprozess in seine erste schwere Krise geriet, war Ägypten immer wieder Gastgeber von internationalen Nahost-Gipfeln, auf denen versucht wurde, die Dynamik des Friedensprozesses allen Widrigkeiten zum Trotz zu erhalten. Es vermittelte zudem mehrfach Waffenruhen – sowohl im israelisch-palästinensischen Konflikt als auch in bewaffneten Auseinandersetzungen zwischen rivalisierenden palästinensischen Lagern.

Doch der herrschende Frieden wird als „kalter Frieden" bezeichnet; unterhalb der diplomatischen Beziehungen gibt es kaum einen Austausch zwischen den Gesellschaften und Güterverkehr sowie Tourismus stellen eine Einbahnstraße von Israel nach Ägypten dar. Der ungelöste Palästina-Konflikt wirft seinen Schatten auch auf die Beziehungen zwischen den beiden Staaten, die formell Frieden miteinander geschlossen haben.

In der Regierungszeit von Hosni Mubarak, des Nachfolgers von Anwar Sadat, erlebte Ägypten aufgrund seines wirtschaftlichen Niedergangs, der sich in hoher Arbeitslosigkeit insbesondere der jungen Generation äußerte, einen regionalen Bedeutungsverlust (Angenendt/Popp 2012). Die Arbeitsmigration in die Golfstaaten, insbesondere nach Saudi-Arabien, konnte nur begrenzt als Ventil dienen, da auch dort die Arbeitslosigkeit unter den eigenen Bürgern zunahm.

Der Arabische Frühling, auch Arabellion genannt, erzwang am 11. Februar 2011 den Rücktritt des seit 1981 amtierenden Staatspräsidenten Mubarak. In der ägyptischen Bevölkerung, vor allem in den Städten, löste der Machtverlust Mubaraks hohe Erwartungen auf eine grundlegende demokratische Umgestaltung des Landes aus. Doch sie blieb aus. Nach einem einjährigen politischen Zwischenspiel unter Präsident Mohammed Mursi von der Muslimbruderschaft, die aus den Parlamentswahlen zwischen November 2011 und Januar 2012 als Siegerin hervorgegangen war, liegt seit einem Putsch im Juli 2013 die Macht beim Militär. Seit Juni 2014 bekleidet der für den Putsch verantwortliche vormalige General Abdel Fatah al-Sisi das Amt des Präsidenten. Unter dem neuen Präsidenten begann eine Periode in der ägyptischen Innenpolitik, die durch die erneute Einschränkung der Meinungs- und Pressefreiheit und schwere Menschenrechtsverletzungen gekennzeichnet ist. Die Muslimbruderschaft wurde zur Terrororganisation erklärt und ging wieder in den Untergrund. Der militärische Arm der palästinensischen Hamas, die der ägyptischen Muslimbruderschaft entstammt, wurde ebenfalls als Terrororganisation eingestuft. Mit diesen Maßnahmen sowie der Abriegelung des Gazastreifens schien Ägypten vorerst aus seiner Rolle als neutrale Vermittlungsinstanz zwischen seinen nördlichen Nachbarn ausgeschieden zu sein.

Die Außenpolitik des neuen Regimes steht wie bereits unter der Regierung Mubaraks im Dienst der Herrschaftskonsolidierung. Doch angesichts der andauernden Wirtschaftskrise und drohender Zahlungsunfähigkeit sieht sich das Regime gezwungen, neue Finanzquellen außerhalb Ägyptens zu erschließen. Zugleich bemüht es sich darum, einseitige Abhängigkeiten von externen Geldgebern zu vermeiden, indem es seine traditionell guten Beziehungen zum Westen um vertiefte Beziehungen zu den Golfmonarchien und eine erneute Hinwendung zu Russland erweiterte (Roll 2016: 15). In Verbindung mit der Verbesserung der Beziehungen Saudi-Arabiens unter dem neuen saudischen Regenten Salman Abdullah ibn Abd al-Aziz zur palästinensischen Hamas sowie zu den syrischen, jemenitischen und ägyptischen Muslimbrüdern scheint eine Entspannung des Verhältnisses zwischen der ägyptischen Staatsführung und der ägyptischen Muslimbruderschaft sowie der palästinensischen Hamas nicht ausgeschlossen (The New Arab 2016). Sie würde Ägypten die Rückkehr zu seiner Rolle als Vermittlungsinstanz erleichtern (vgl. Kap. 4.1.7).

Fatah und Hamas hatten im Mai 2011 mit ägyptischer Hilfe das „Kairoer Versöhnungsabkommen" geschlossen, das den Weg zu einer Überwindung der innerpalästinensischen Spaltung ebnen sollte. Im Oktober 2011 unterstützte Präsident Mursi die Bemühungen um den Austausch des fünf Jahre zuvor in den Gazastreifen verschleppten israelischen Soldaten Gilad Schalit gegen über tausend palästinensische Häftlinge. Im November 2012 hatte Mursi sich erfolgreich in die Verhandlungen über eine Deeskalation des Gaza-Konfliktes eingeschaltet. Sie trug ihm internationale Anerkennung ein.

Allerdings war weder unter Präsident Mursi noch ist unter Präsident Sisi der israelisch-ägyptische Friedensvertrag in Gefahr. Keine Seite hat ein Interesse daran, ihn aufzukündigen. Es ist zu erwarten, dass keine ägyptische Regierung Einnahmen wie die aus den Kanalgebühren, Finanzhilfen der westlich dominierten internationalen Geberorganisationen wie Weltbank und Internationaler Währungsfond oder eine Wiederbelebung des Tourismus aufs Spiel setzen will. Vielmehr setzt Ägypten seit dem Militärputsch 2013 auf eine engere Sicherheitspartnerschaft mit Israel. Dafür gibt es zum einen sicherheitspolitische Gründe: Es liegt im Interesse beider Staaten, auf dem Sinai der Aktivität von Schmugglernetzwerken und militant-islamistischen Gruppierungen, die sich vor allem im Norden der Halbinsel ausgebreitet haben, Einhalt zu gebieten. Zum anderen soll die Intensivierung dieser Sicherheitspartnerschaft Ägypten helfen, die Kritik in den westlichen Hauptstädten an staatlicher Repression abzufedern und die Kooperation mit westlichen Industriestaaten im Bereich der Rüstungs- und Energiewirtschaft legitimatorisch abzusichern (vgl. Roll 2016: 20 f.).

Andere Konflikte in seiner Nachbarschaft als der alte Palästinakonflikt nehmen die Aufmerksamkeit Ägyptens in Anspruch. In erster Linie fühlt es sich in seiner Sicherheit durch die Ausbreitung dschihadistischer Organisationen bedroht: zum einen auf der Sinai-Halbinsel, zum anderen im Nachbarstaat Libyen. Andere regionale Schwergewichte, die bei der Regelung innerpalästinensischer Konflikte oder bei der Suche nach einem Verhandlungsfrieden zwischen Israel und den Palästinensern an die Stelle Ägyptens treten könnten, sind nicht erkennbar. So bleiben außerregionale Akteure, in erster Linie die USA, gefordert. Allerdings sind sie durch die

Gewalteskalation in der gesamten Region in ihren diplomatischen Kapazitäten aufs höchste beansprucht. Ob daran die Ablösung des US-Präsidenten Obamas durch seinen Nachfolger Donald Trump Entscheidendes ändert, ist fraglich.

Für eine israelische Regierung, die an einer Wiederaufnahme des Friedensprozesses nicht interessiert ist, scheint die Rückkehr Ägyptens zu autokratischem Regieren von Vorteil. Die kurzfristige Aussicht auf eine Demokratisierung in der Folge des Arabischen Frühlings hatte in Tel Aviv Besorgnis erregt, wäre doch ein demokratisches Ägypten für Israel ein unbequemerer Partner gewesen. Denn anders als unter autokratischen Führern wäre es kaum möglich gewesen zu ignorieren, dass Israel bei der großen Mehrheit der ägyptischen Bevölkerung alles andere als Sympathie genießt. Ein wesentlicher Grund hierfür ist die ungelöste palästinensische Frage. Auch die früheren ägyptischen Vermittler haben letztlich nicht mehr bewirken können, als die Verhandlungen über ihre zahlreichen Krisen hinweg zu retten. In Übereinstimmung mit der US-amerikanischen Nahostpolitik, die bevorzugt auf direkte Verhandlungen zwischen den Konfliktparteien setzt und sich mehr oder weniger auf Krisenmanagement beschränkt (vgl. Kap. 4.2.2.1), ist auch Israel in erster Linie am Friedensprozess als solchem interessiert und weniger daran, ihn mit einem substanziellen Ergebnis abzuschließen, das vermutlich unpopuläre Regierungsentscheidungen voraussetzen würde.

Zwar betonen israelische Regierungen immer wieder, dass Israel sich als einzige Demokratie in der Region demokratische Nachbarn wünscht. Doch die im Arabischen Frühling enthaltene Chance, dass Israel von den demokratischen Aufbrüchen in seiner arabischen Nachbarschaft langfristig profitieren werde, gehört mittlerweile der Vergangenheit an. Insofern ist damit zu rechnen, dass Israel seine „Wagenburg-Mentalität" (Kleinwächter/ Krämer 2011: 15) beibehält.

Das israelisch-arabische „Konfliktpaket", bereits um die ägyptische Komponente reduziert, wurde 1991 auf der Madrider Nahost-Konferenz weiter aufgeschnürt, als man sich daran machte, die Streitfragen zwischen Israel und den Palästinensern, Jordanien, dem Libanon und Syrien bilateral zu regeln. Als 1993 die gegenseitige Anerkennung zwischen Israel und der PLO erfolgte, war der Nahost-Konflikt endgültig in seine Einzelteile zerlegt worden. Nicht nur Israel profitierte davon, indem es mit einer Reihe von Staaten mit hohen moslemischen Bevölkerungsanteilen diplomatische Beziehungen aufnahm. Auch die PLO konnte ihre Außenbeziehungen verbessern. Die Billigung der Grundsatzerklärung von Oslo durch die Arabische Liga machte deutlich, dass keine arabische Regierung den erklärten Willen der PLO-Führung ignorieren konnte, wenn diese in der Palästina-Frage konstruktive Schritte beschloss. Der Golf-Kooperationsrat, ein loser Zusammenschluss der „Ölmonarchien" am Persischen/Arabischen Golf, billigte ebenfalls die Übereinkunft. Die Autonomiegebiete konnten fortan mit finanzieller Unterstützung der reichen Ölförderländer rechnen.

Der Alleingang der PLO ermutigte *Jordanien,* 15 Jahre nach Ägypten ebenfalls seinen Frieden mit Israel zu machen. De facto war der Krieg zwischen Israel und Jordanien bereits seit einem Vierteljahrhundert beendet. In den Madrider Nahost-Gesprächen wurde eine Einigungsformel gefunden, die Grenzkorrekturen und die Aufnahme diplomatischer und wirtschaftlicher Beziehungen zwischen beiden Staaten vorsah. Einen Tag nach der Unterzeichnung der Osloer Prinzipienerklärung durch Israel und die PLO am 13. September 1993 wurde in Washington der Entwurf einer israelisch-jordanischen Friedensagenda aufgesetzt. In den folgenden Monaten traf man eine Reihe von Vereinbarungen zur Normalisierung der zwischenstaatlichen Beziehungen. Sie enthalten gemeinsame Projekte zur regionalen Entwicklung der Wirtschaft, der Infrastruktur und des Handels. Am 26. Oktober 1994 besiegelte ein Friedensvertrag das förmliche Ende des 46 Jahre währenden Kriegszustandes. Israel sicherte darüber hinaus Jordanien zu, bei den Endstatusverhandlungen mit den Palästinensern der historischen Rolle des Haschemitischen Königreichs bei der Verwaltung der islamischen Stätten in Jerusalem Priorität zuzuerkennen – keine geringfügige Geste zur Stärkung der Legitimität des jordanischen Königs, der seine Abstammung auf die Familie des Propheten Mohammed zurückführt und dessen Herrscherhaus sich als Hüter von „Al Quds" (= die Heilige) versteht (vgl. Kap. 4.1.5).

Der Vertrag übernahm mit einigen kleineren Korrekturen die Grenzziehung der britischen Mandatszeit. Israel verzichtete auf einen Grenzstreifen von ca. 330 km² in der Arava-Ebene. Zugleich wurde ein Pachtvertrag mit 25-jähriger Laufzeit geschlossen, der den israelischen Siedlern die landwirtschaftliche Nutzung dieses Gebiets weiterhin ermöglichen würde. Jordanien verpflichtete sich, keine Stationierung ausländischer Truppen zu erlauben; im Gegenzug gab Israel seinen bisherigen Widerstand gegen die Lieferung moderner Waffensysteme und Kampfflugzeuge an Jordanien auf. Auf ökonomischem Gebiet sieht der Friedensvertrag eine Beendigung des Boykotts gegen Israel vor. Überdies enthält er Vereinbarungen über die Zuteilung der regionalen Wasservorräte, die Verbesserung der jordanischen Wasserversorgung sowie die vermehrte Aufbereitung und Produktion von Trinkwasser. Es ist der erste und bisher einzige Vertrag Israels mit einem seiner Nachbarn zur Aufteilung grenzüberschreitender Wasserressourcen (vgl. Kap. 4.1.3).

Das Vertragswerk wurde in der Region unterschiedlich aufgenommen. In Jordanien stieß es auf Ablehnung der Muslimbruderschaft und der panarabischen Nationalisten. In Israel fand es breite Zustimmung. Syrien kritisierte die Verpachtung jordanischen Landes an Israel als „Blasphemie". Ägypten deutete Unbehagen gegenüber dem Pachtvertrag an, stand im Übrigen aber voll hinter dem Abkommen. Die PLO begrüßte den Friedensschluss insgesamt, erhob jedoch massive Einwände gegen die Vereinbarungen über Jerusalem, die Jordaniens historische Rolle bei der Verwaltung der Heiligen Stätten bekräftigten, da sie vom Status quo der Besetzung Ost-Jerusalems ausgingen und mit dem palästinensischen Hauptstadtanspruch auf das arabische Jerusalem kollidierten. Zudem kritisierte sie, dass die Palästinenser bei den Vereinbarungen, in denen palästinensische Interessen tangiert waren, nicht konsultiert worden sei: bei den Regelungen des Grenzverlaufs zwischen Jordanien und dem Westjordanland sowie den Übereinkünften zur Wasserversorgung und zur wirtschaftlichen Zusammenarbeit. Das palästinensisch-jordanische Kooperationsabkommen vom 27. Januar 1995 konnte die Vorbehalte der PLO teilweise ausräumen: Danach würde Jordanien nur vorübergehend die Verantwortung für die islamischen Stätten in Ost-Jerusalem und nur so lange wahrnehmen, wie die Palästinenser ihre souveränen Hauptstadtrechte nicht ausüben könnten.

Der israelisch-jordanische Friedensvertrag wurde zügig implementiert: Jordanien und Israel räumten einander Handelsvorteile durch Zollsenkungen ein, legten die Seegrenze zwischen beiden Ländern im Roten Meer fest, erleichterten den Personenverkehr, den privaten Kfz-Verkehr und den Gütertransport insbesondere in dem Gebiet der beiden Hafenstädte Eilat und Aqaba, regelten den Post- und Telefonverkehr und beschlossen die Förderung des wissenschaftlichen und kulturellen Austauschs. Vor allem aber begannen sie mit der kooperativen Bewirtschaftung der Wasservorkommen. Zur Verbesserung der jordanischen Wasserversorgung sollten Auffangdämme für die winterlichen Flutwasser, Aufbereitungsanlagen am Jordan, ein Staudamm am Yarmuk und eine Wasserleitung vom See Genezareth zum König Abdallah-Kanal beitragen. Auf der Suche nach externen Geldgebern für diese Projekte arbeiten Israel und Jordanien eng zusammen. Die Nutzung der Grundwasservorkommen im südlich gelegenen Arava-Tal durch Israel sollte gegen die Lieferung von Wasser aus dem See Genezareth an Jordanien verrechnet werden. Einige Jahre mit äußerst geringen Niederschlägen haben den anfänglichen Optimismus in Jordanien über die Vereinbarungen allerdings merklich getrübt, weil Israel seinen Lieferverpflichtungen nicht nachkam.

Trotz der Kooperationsvereinbarungen ist das israelisch-jordanische Verhältnis nicht entspannt. Das gilt auch Jahrzehnte nach Abschluss des Friedensvertrags, wie eine innerjordanische Kontroverse um die 2016 vereinbarten Gas-Lieferungen aus Israel illustriert (Al Monitor 2016). Der Friedensschluss war in Jordanien nie populär (Shlaim 2007: 548 f., 584); man sah in ihm weithin einen „Frieden des Palastes und nicht des Volkes" (Bank/Valbjorn 2010: 310). Die grundsätzliche Ablehnung von Seiten der Islamisten und Nationalisten mischte sich mit enttäuschten Erwartungen einer wirtschaftlichen Belebung. Die „Friedensdividende" blieb aus, weil dem israelisch-jordanischen Vertragswerk kein Abkommen zwischen Israel und den Palästinensern, Syrien und dem Libanon folgte und sich folglich die Hoffnungen auf einen „neuen Nahen Osten" (Peres 1993) mit einer Intensivierung des Warenverkehrs und grenzüberschreitender Kooperation bei Projekten von regionaler Bedeutung nicht erfüllten. Trotz gegenteiliger Absichten auf Regierungsseite blieb der Frieden zwischen Israel und Jordanien wie in Ägypten ein „kalter Frieden" (Asseburg/Busse 2016b: 51). Insbesondere seit dem Wiederaufleben der gewaltsamen Auseinandersetzung zwischen Israel und den Palästinensern nach dem Scheitern der Endstatusverhandlungen im Jahr 2000 (vgl. Kap. 3.3.4) kann die jordanische Führung die Stimmung in der Bevölkerung nicht einfach ignorieren. Denn über die Hälfte der jordanischen Bevölkerung ist palästinensischer Herkunft und folglich wird alles, was zwischen Israel und den Palästinensern geschieht, in Jordanien zum innenpolitischen Thema (vgl. Bank/Valbjorn 2010: 313–316). Jedes Ergebnis israelisch-palästinensischer Verhandlungen wird zudem Konsequenzen für Jordanien haben. Das betrifft Fragen wie die nach einer Rückkehr palästinensischer Flüchtlinge in einen Staat Palästina, einer Abwanderung palästinensischen Kapitals aus Jordanien oder der Möglichkeit trilateraler Zusammenarbeit zwischen Jordanien, Palästina und Israel.

Lange galt Jordanien als Stabilitätsanker in der Region. Es konnte seine Schwäche als ressourcenarmer Staat mit seiner geostrategischen Bedeutung als direkter Nachbar zu den nahöstlichen Brennpunkten kompensieren – zu den traditionellen *Hotspots* Israel/Palästina und Irak ist seit 2011 auch Syrien zu zählen. Dieser Rolle als „Pufferstaat" sowie seiner pro-westlichen Ausrichtung verdankt Jordanien großzügige Unterstützung der USA, westeuropäischer Staaten und Japans, aber auch reicher Golfstaaten wie Saudi-Arabien. Militärische und wirtschaftliche Hilfe sowie diplomatischer Rückhalt verfolgen den Zweck, die Legitimität des Könighauses gegenüber oppositionellen Kräften zu Hause zu stärken (vgl. Bank/ Richter/Sunik 2014: 169).

Jordanien war dennoch nicht von den Auswirkungen des Arabischen Frühlings abzuschirmen. Zwar gelang es der jordanischen Staatsführung, der Protestbewegung im eigenen Land mit Hilfe von bescheidenen Lohnerhöhungen im Staatsapparat und überwiegend kosmetischen verfassungsrechtlichen Reformen in Verbindung mit personellen Veränderungen bei der Besetzung politischer Ämter die Spitze zu nehmen (Asseburg/ Wimmen 2015: 15, 16). Doch die Flüchtlinge aus dem benachbarten bürgerkriegsgeschüttelten Syrien suchten auch in Jordanien Schutz. Offiziell waren 2016 dort rund 650 000 Flüchtlinge aus Syrien beim Hohen Kommissar für Flüchtlinge (UNHCR) registriert. Inoffizielle Schätzungen liegen bei 800 000 bis zu einer Million. Bereits vor dem Arabischen Frühling hatten mehrere Millionen Flüchtlinge aus angrenzenden Staaten Aufnahme in Jordanien gefunden – als Folge der israelisch-arabischen Kriege 1948/49 und 1967 (vgl. Kap. 2.3 und Kap. 4.1.6) und als Folge der Irakkriege von 1990/91 und 2003.

Die größte Gruppe der syrischen Flüchtlinge hat sich im Großraum der Hauptstadt Amman angesiedelt. Die Mehrzahl aber lebt in Gemeinden und Flüchtlingslagern Nordjordaniens in der Nähe der syrischen Grenze. Neben den offiziellen Flüchtlingslagern sind sogenannte „wilde Camps" entstanden, ohne funktionierende Infrastruktur und hinreichende Versorgung. Aus Furcht vor einem Einsickern dschihadistischer Terrororganisationen hat Jordanien das gesamte Grenzgebiet zur geschlossenen Militärzone erklärt und verhindert die Weiterreise der nicht registrierten Flüchtlinge. Die dort Gestrandeten leben nunmehr in einer Art Niemandsland (vgl. Bank 2016: 4 f.).

Infolge unzureichender Finanzierung können die internationalen Hilfsorganisationen die sozio-ökonomischen Belastungen Jordaniens nur notdürftig abfedern. Eine wenige Jordanier – vor allem Land- und Immobilienbesitzer – profitieren zwar von der angespannten

Lage. Aber die einkommensschwachen Jordanier fühlen sich als Verlierer der Entwicklung, beklagen die enorm gestiegenen Mieten und fürchten die Konkurrenz auf dem Arbeitsmarkt – auch wenn dies vor allem nichtjordanische Gastarbeiter trifft. Die durch das Fluchtgeschehen gewachsene Ungleichheit in der jordanischen Bevölkerung birgt mittelfristig ein hohes Konfliktpotenzial. Der vermeintliche Stabilitätsanker Jordanien wird der ihm zugeschriebenen Rolle nur gerecht werden können, wenn sich die Situation der Flüchtlinge in Jordanien grundlegend verbessert. Dazu bedarf es einer Erhöhung und Verstetigung der internationalen Hilfe ebenso wie einer verlässlichen Zusammenarbeit zwischen internationalen Gebern, dem jordanischen Staat und lokalen Partnern vor Ort (vgl. Bank 2016: 8).

Die Friedensverträge mit Ägypten und Jordanien bescherten Israel völkerrechtlich verbindliche Grenzen mit diesen beiden Staaten. Auch mit dem *Libanon* hat Israel keinen substanziellen territorialen Streit. Der Grenzverlauf war seit 1923 durch die Aufteilung des ehemals osmanischen Herrschaftsgebietes zwischen den Mandatsmächten Großbritannien und Frankreich geregelt, wonach Palästina an Großbritannien fiel und der Libanon an Frankreich. 1944 wurde der Libanon unabhängig. Aber schon nach wenigen Jahren geriet das Land in den Sog des Palästina-Konflikts. Im ersten Nahost-Krieg fanden 100 000 palästinensische Flüchtlinge im Libanon Zuflucht, wurden aber in dem kleinen Land mit seinen damals 2,7 Millionen Einwohnern und der prekären Balance zwischen Christen und Muslimen gesellschaftlich nicht integriert. Die meisten der Geflohenen und deren

Nachkommen blieben in den Flüchtlingslagern und bildeten die soziale Basis für die palästinensische Widerstandsbewegung gegen Israel.

1975 versank das Land in einem fünfzehn Jahre währenden Bürgerkrieg, in dem sich zunächst christliche und moslemische libanesische Milizen bekämpften und auch palästinensische Verbände beteiligt waren. In seiner letzten Phase bekämpften sich schließlich konkurrierende christliche, konkurrierende schiitische und konkurrierende palästinensische Gruppen (Perthes 2002: 221). Mehrfach griffen Syrien und Israel in die Auseinandersetzungen ein. Als 1978 bei einem palästinensischen Kommandounternehmen über 30 Israelis starben, entschied sich Israel unter Menachem Begin (Likud) zur Intervention im Nachbarland, um die palästinensischen Kämpfer aus dem Grenzgebiet zu vertreiben. 2 000 Libanesen und Palästinenser wurden bei der Operation „Litani" getötet, eine Viertelmillion Zivilisten floh vor den Kämpfen. Der UN-Sicherheitsrat forderte Israel auf, seine Truppen vollständig und bedingungslos von libanesischem Territorium abzuziehen. Auf Druck der USA zogen sich die israelischen Streitkräfte schließlich zurück. Für friedenssichernde Aufgaben wurde ein UNO-Kontingent nördlich der Grenze stationiert.

Im Grenzgebiet kehrte jedoch kein Frieden ein. PLO-Kämpfer griffen weiterhin Ziele im Norden Israels an und Kommandos der israelischen Armee führten Schläge gegen PLO-Stellungen. 1982 beschloss die israelische Regierung unter Yitzhak Shamir (Likud), die PLO militärisch zu zerschlagen. Im Juni begann mit der Operation „Frieden für Galiläa" der erste Libanonkrieg. Nach

wochenlangem Dauerbombardement gelang es den israelischen Truppen zwar, die PLO-Führung aus Beirut
zu vertreiben, doch dafür handelte sich Israel mit der
Hisbollah, die vom Iran und Syrien unterstützt als islamisch-schiitische „Speerspitze" im Kampf gegen die israelische Besatzung entstand, einen neuen Gegner ein.
Die Hisbollah erzwang 1983 mit spektakulären Attentaten den Abzug der US-amerikanischen und französischen Friedenstruppen aus Beirut und drängte in den
Folgejahren die israelischen Truppen in den Südlibanon
ab. 1985 zog Israel unter Shimon Peres (Arbeitspartei)
sich offiziell aus dem Libanon zurück, betrachtete aber
einen Streifen im Süden des Landes seither als „Sicherheitszone" (vgl. Kap. 2.3.5).
Indes hielt die „Sicherheitszone" nicht, was der Name
versprach. Zwar beendeten die regulären libanesischen
Truppen 1991 mit Hilfe Syriens die 20-jährige Ära der
PLO-Basen im Süden des Landes. Die palästinensischen
Flüchtlingslager wurden der libanesischen Armee übergeben, die PLO-Verbände bis auf Handfeuerwaffen entwaffnet. Doch die Milizen der Hisbollah setzten ihren
Kampf gegen die israelischen Besatzer des Südlibanon
fort. Zehn Jahre lang war der Libanon faktisch gespalten. Im Norden hatte Syrien nach dem Ende des Bürgerkriegs 40 000 Soldaten stationiert und kontrollierte
die Politik der Zentralregierung, wo immer syrische Interessen im Spiel waren. Im Süden unterhielt Israel Militärstützpunkte und finanzierte die rund 6 000 Kämpfer
der „Südlibanesischen Armee", mit denen es den Kampf
gegen die Hisbollah führte.
Mehrfach flog Israel schwere Angriffe gegen militäri-

sche Stellungen der Hisbollah und Ortschaften mit überwiegend schiitischer Einwohnerschaft, z. B. 1993 unter Yitzhak Rabin (Arbeitspartei) in der Operation „Abrechnung" und 1996 unter Shimon Peres (Arbeitspartei) in der Operation „Früchte des Zorns", durch die zehntausende Libanesen obdachlos und zur Flucht gezwungen wurden. Zudem starben bei einem fehlgeleiteten israelischen Angriff auf einen UNIFIL-Beobachterposten in Kana im Südlibanon, wo etwa 800 Menschen Zuflucht vor den Kämpfen gesucht hatten, über hundert Zivilisten. Aber die Hisbollah-Miliz war auf diese Weise nicht zu besiegen und die zahlreichen Opfer unter der Zivilbevölkerung schadeten dem israelischen Image in der Staatengemeinschaft. Auch in Israel wurde der Krieg immer unpopulärer, denn die Zahl der getöteten und verwundeten Soldaten stieg, ohne dass eine militärische Lösung möglich schien.

Im Mai 2000 zog Israel nach 18 Jahren ununterbrochener militärischer Präsenz im Südlibanon seine Truppen in einer Nacht- und Nebelaktion aus dem Nachbarland ab. Kleinere Gebietsstücke, die so genannten Shebaa-Farmen und das Dorf Ghajar, räumte es allerdings nicht, weil deren territoriale Zugehörigkeit – zu Syrien oder zum Libanon – umstritten ist und der territoriale Streit mit Syrien noch nicht beigelegt sei (vgl. Kap. 2.3.6). Diesen Umstand nutzte die Hisbollah, um eine Fortsetzung des Widerstands zu proklamieren und so ihr besonderes Profil in der libanesischen Politik zu unterstreichen. Mit medialer Unterstützung der Al-Aqsa-Intifada (vgl. Kap. 3.5) und des damit verknüpften Narrativs der „Befreiung Jerusalems" konnte die

Hisbollah sich jenseits ihrer schiitischen Identität als „Speerspitze des panarabischen und panislamischen Widerstands" gegen westliche Hegemonie im Nahen Osten und das sogenannte „zionistische Projekt" darstellen und enorme Popularitätsgewinne einstreichen (Rosiny 2012a: 184 f.). Das israelisch-libanesische Grenzgebiet blieb Konfliktzone. Die Regierung war außerstande, die Hisbollah zu disziplinieren. Deren Patron Syrien wiederum sah sich mit der Forderung des UN-Sicherheitsrats konfrontiert, nach dem israelischen Rückzug nun seinerseits seine Truppen aus dem Libanon abzuziehen. Erst nach der Ermordung des populären Großunternehmers und ehemaligen Ministerpräsidenten Rafiq al-Hariri im Februar 2005, in die nach ersten UN-Ermittlungen auch der syrische Geheimdienst verwickelt war, wurde der Druck auf Syrien so groß, dass es seine Truppen im April 2005 aus dem Nachbarland abzog. Hariri war für eine Beendigung der syrischen Vorherrschaft im Libanon eingetreten und der Verdacht lag nahe, dass dies ihn das Leben gekostet hatte.

Von stabilen politischen Verhältnissen blieb der Libanon jedoch auch nach der de facto-Wiederherstellung seiner Souveränität weit entfernt. Das Land ist tief gespalten; die Zugehörigkeit zu Clans, Familien, Konfessionen und Regionen bestimmt die Loyalitäten der Bürger und der politischen Klasse. Vielleicht hat nur die Erinnerung an das fünfzehn Jahre während Wüten des Bürgerkriegs mit 170 000 Toten und 800 000 Vertriebenen das Land bisher zusammengehalten (International Crisis Group 2005: 1). Indes sind die Ursachen der damaligen Auseinandersetzungen nicht behoben. Die konfessionell-demographische Spaltung zwischen Christen und Muslimen einerseits und sunnitischen und schiitischen Muslimen sowie die Notwendigkeit, in seiner Außenpolitik den Einfluss Irans und Saudi-Arabiens auszubalancieren, andererseits dauern an. Nach wie vor bestimmt die konfessionelle Zugehörigkeit auch die Chancen sozialer und ökonomischer Teilhabe. Politisch wird den konfessionell-demographischen Proportionen Rechnung getragen, indem die Regierungsämter und Parlamentssitze nach einem festen Schlüssel auf die drei größten Religionsgemeinschaften – die Christen, die Sunniten und die Schiiten – verteilt werden, weshalb man auch von einer konfessionellen Proporz-Demokratie spricht. Diese Regeln gelten auch bei der Besetzung anderer öffentlicher Ämter. Aber längst entspricht dieser Proporz nicht mehr den realen Bevölkerungsanteilen. Welcher Zündstoff hierin liegt, hatte einst der Bürgerkrieg gezeigt, in dem es unter anderem um eine angemessenere Vertretung des muslimischen Bevölkerungsteils im politischen System gegangen war. Auch heute könnte keine politische Kraft im Libanon versuchen, das eingespielte System der Machtteilung einseitig umzukrempeln, ohne ein Blutbad zu riskieren. Doch auch der Versuch einer einvernehmlichen Reform, wie bereits im Taif-Abkommen von 1989 angedacht, würde das politische System angesichts der schweren Belastungen durch den Bürgerkrieg im benachbarten Syrien überfordern. Denn die konkurrierenden politischen Lager – namentlich die dem „Widerstand" gegen die USA und Israel verpflichtete, von Iran unterstützte „Allianz des 8. März" einerseits und die prowestliche, von Saudi-Arabien unterstützte „Allianz des 14. März"[1] andererseits – nehmen zu dem Konflikt im Nachbarland konträre Positionen ein.

Die Hisbollah hat ihre soziale Basis in der unterprivilegierten, vorwiegend schiitischen Bevölkerung des Südens (Harik/Johannsen 2012). Wie die Hamas hat auch die Hisbollah einen zivilen Arm; sie unterhält unter anderem Krankenhäuser, Nachrichtenagenturen und Bildungseinrichtungen. Als legale Partei nimmt sie seit 1992 erfolgreich an Parlamentswahlen teil und gehört seit 2005 wechselnden Regierungskoalitionen an. Zwar beruht die konkurrenzlose Autonomie der schiitischen Organisation im politischen System des Libanon überwiegend auf ihren Beziehungen zu Syrien und Iran. Gleichwohl agiert sie nicht einfach als Stellvertreterin ihrer Schirmherren, es sei denn, dies liegt in ihrem eigenen Interesse. Vielmehr spannen Syrien, Iran und Hisbollah, die zusammen mit der palästinensischen Hamas eine „Achse des Widerstands" bilden, einander in der Praxis jeweils für ihre eigenen Ziele und Zwecke ein (Cordesmann/Nerguizian 2010: 44 f.).

Aufgrund ihrer innenpolitischen Stärke als soziale Kraft konnte die Hisbollah stets davon ausgehen, dass ihre Entwaffnung nur im Konsens erfolgen würde. Besondere Brisanz hatte diese Frage erhalten, als der Libanon im Sommer 2006 erneut zum Schauplatz massi-

---

1 Pro-syrische Demonstrationen am 8. März und antisyrische Demonstrationen am 14. März 2005 gaben den zwei Lagern des nach dem Abzug der syrischen Armee neu entstandenen politischen Spektrums ihren Namen.

ver Kriegshandlungen wurde (vgl. Kap. 2.3.6). Seit dem
14. August 2006 herrscht zwischen Israel und dem Libanon eine von internationalen Truppen (UN-Inte-
rimstruppe im Libanon, UNIFIL) überwachte Waffenruhe. Hierfür wurde die Beobachtermission, die bereits
seit 1978 im Libanon stationiert ist, auf 15 000 Soldaten aufgestockt. Resolution 1701 des UN-Sicherheitsrates vom 11. August 2006 gab ihr ein auf Kapitel VII
der UN-Charta gestütztes „robustes Mandat", das zu
seiner Durchsetzung die Anwendung militärischer Gewalt gestattet. UNIFIL soll dafür sorgen, dass „keine Ver-
käufe oder Lieferungen von Rüstungsgütern und sons-
tigem Wehrmaterial an Libanon (gelangen), sofern sie
nicht von dessen Regierung genehmigt sind." Ohne dass
die Hisbollah ausdrücklich genannt wurde, richtete sich
diese Passage gleichwohl gegen den Wiederaufbau ihrer
militärischen Kapazitäten. Doch eine zwangsweise Entwaffnung der Hisbollah durch die UNIFIL gegen den
Willen der libanesischen Regierung wäre von der Resolution nicht gedeckt und ist ohnehin durch die bedroh-
lichen Entwicklungen in Libanons östlicher Nachbarschaft von der Tagesordnung verschwunden.

Die Hisbollah ist einer der vielen externen Akteure
des syrischen Bürgerkriegs. Vom Iran mit Waffen aus-
gestattet und eine Niederlage des von Iran unterstützten syrischen Regimes fürchtend kämpfte sie gegen die
bewaffnete Opposition und kooperierte dabei mit iranischen Revolutionsgarden sowie schiitisch-irakischen Milizen. Ihr militärische Rolle im Nachbarland machte sie
aus Sicht ihres Generalsekretärs Nasrallah zu einer regionalen Macht (Kleib 2016).

Solange die Angriffe des Islamischen Staats (IS) aus Syrien heraus als gemeinsame Bedrohung Libanons galten, schien es möglich, die Fraktionierung der politischen Klasse entlang der konfessionellen Grenzen zu überbrücken (Noe 2014). Bemühungen, die sunnitisch-schiitischen Spannungen im eigenen Lande einzudämmern, haben verhindern können, dass gelegentliche Kämpfe zwischen den Bewohnern der sunnitischen und der alawitischen Stadtteile in der Stadt Tripoli eskalierten und der Syrienkonflikt in Form einer bewaffneten Konfrontation auf den Libanon übergriff (Wimmen 2015: 9). Gleichwohl stehen die Chancen für eine nachhaltige Stabilisierung des Libanon schlecht, solange auf den anderen Schauplätzen des israelisch-arabischen Konflikts, insbesondere im Bürgerkriegsland Syrien keine nachhaltige Lösung in Sicht ist.

Längst hat die Hisbollah ihre Waffenarsenale wieder gefüllt. Israel wertet sowohl ihre Wiederaufrüstung, insbesondere ihre Raketen mit Reichweiten von über 200 Kilometern, als auch das Atomprogramm ihres iranischen Patrons als strategische Bedrohung – auch nach dem 2015 zwischen der EU und den USA mit Iran erzielten Kompromiss zur Beilegung der iranischen Nuklearkrise (Golov/Alterman 2015). Die im Zuge des syrischen Bürgerkriegs veränderten Prioritäten der Hisbollah haben nicht zu einer Entspannung im Verhältnis zu Israel geführt. Israel wertet die Erweiterung des Operationsfeldes der Hisbollah nach Syrien als qualitativ neue Bedrohung. Denn während es für die Konfliktlage an der israelisch-libanesischen Grenze eingespielte Regeln und Vermittlungsmechanismen gibt (z. B. im Rahmen

des von UNIFIL für Israel und dem Libanon bereitge-
stellten Forums der „Dreiparteiengespräche"), fehlt im
Golan ein solcher Mechanismus (Wimmen 2015: 6).
Zwar hat Israel mit den kriegerischen Auseinandersetzungen in seiner Nachbarschaft nur am Rande zu tun.
Aber es sieht sich berechtigt, gegen die Hisbollah militärisch vorzugehen, wenn es sich durch deren Aktivitäten auf syrisch kontrolliertem Territorium bedroht sieht.
Dazu gehört z. B. der Transfer von Waffen aus dem Iran
an die Hisbollah. Eine direkte Konfrontation im Golan-
Gebirge, das in der Vergangenheit als die ruhigste Front
des Nahost-Konflikts galt (vgl. 4.2.1.3), birgt ein erhebliches Eskalationsrisiko.
   Die Belastung des Libanon durch die Aufnahme von
über einer Million syrischer Flüchtlinge (bei einer Einwohnerzahl von ca. 4,4 Millionen) und das weitgehende Fehlen einer staatlichen Strategie zur Bewältigung
der Lage (Bank/Schmelter 2016) haben das Land bisher
nicht stabilisert. Dies ist vor allem das Verdienst der Zivilgesellschaft und internationaler Organisationen. Allerdings verschärfte die großzügige Aufnahme der syrischen Flüchtlinge in unterprivilegierten Regionen die
ohnehin gravierende Armut. (Beck: 2016). Die im März
2016 auf Betreiben Saudi-Arabiens erfolgte Einstufung
der Hisbollah als Terrororganisation durch den Golf-
Kooperationsrat und wenig später durch die Arabische
Liga und die damit verbundene Kürzung von Finanzhilfen und Beschränkungen der libanesischen Arbeitsmigration in die Ölstaaten am Golf sind insofern kon-
traproduktiv. Erneut tragen mächtige Nachbarn ihre
Rivalitäten auf seinem Boden aus. Trotz seiner Anpas-

sungsfähigkeit ist das Land solange Seiten bedroht, wie seine Nachbarn seine innere Zerrissenheit instrumentalisieren.

Im Mittelpunkt des ungelösten Konflikts zwischen Israel und *Syrien* stehen die Golan-Höhen. Der territoriale Streit ist ein Resultat des dritten Nahost-Krieges. Israel eroberte 1967 den auf syrischem Territorium gelegenen Höhenzug, die syrisch-arabischen Bewohner flohen, israelische Siedler nahmen vom Golan Besitz und 1981 annektierte Israel ihn. Völkerrechtlich handelt es sich um besetztes Gebiet. Unter Berufung auf Resolution 242 des UN-Sicherheitsrates verlangt Syrien von Israel die vollständige Rückgabe der Golan-Höhen als Voraussetzung für eine Beendigung des formellen Kriegszustandes zwischen beiden Staaten – bisher herrscht nur ein Waffenstillstand.

Lange war Syrien nicht bereit, separate Verhandlungen mit Israel zur Rückgewinnung des Golan zu führen. Es betrachtete den israelisch-arabischen Konflikt als Gesamtpaket und fürchtete, dass vor allem Israel davon profitieren würde, wenn man dieses Paket in seine Einzelteile zerlegen würde, weil es gegenüber den einzelnen arabischen Parteien sein Gewicht stärker in die Waagschale werfen könne. Gleichwohl nahm Syrien an der Nahostkonferenz von Madrid 1991 teil. Es hatte sich, wie auch andere arabische Staaten, im Golfkrieg an der Seite der USA gegen den Irak engagiert und wollte die Sympathien, die es dadurch in Washington gewonnen hatte, nicht aufs Spiel setzen. Bei den Verhandlungen konnte es zudem nur gewinnen, denn deren Grundlage war die Formel „Land für Frieden", was Syrien die Chance eröffnete, die Golan-Höhen auf dem Verhandlungsweg zurückzuerhalten.

Die Ziele der beiden Parteien sind in ihren Grundzügen seit Jahrzehnten klar. Syrien verlangt die vollständige Rückgabe der Golan-Höhen ohne Vorbedingungen; Israel fordert für die Räumung des Golan rigide Sicherheitsvorkehrungen, diplomatische Beziehungen und einen umfassenden Frieden mit offenen Grenzen, das heißt wirtschaftlichem, touristischem und kulturellem Austausch. Allerdings interpretieren beide das, was unter einem „vollständigen Rückzug" Israels vom Golan zu verstehen sei, unterschiedlich. Den Divergenzen liegen militärische und wasserpolitische Interessen zugrunde, die sich mit der Kontrolle über den umstrittenen Höhenzug verbinden.

Für Israel stellt der Golan eine Pufferzone dar, die das Vorrücken von gepanzerten Verbänden auf das israelische Kernland erschwert; die unmittelbar an der Grenze zum Libanon auf dem Berg Hermon installierte Frühwarnstation erlaubt es, einen großen Teil Syriens sowie den Süden Libanons und die libanesische Bekaa-Ebene auszuspähen und verspricht Schutz vor Überraschungsangriffen; die Kontrolle der Berghöhen bietet Sicherheit gegen Artilleriebeschuss der im nördlichen Galiläa gelegenen Siedlungen. Syrien hingegen betrachtet den Golan als einen Verteidigungsgürtel. Durch die israelische Besetzung des Hochplateaus ist die Distanz zwischen der israelischen Armee und der syrischen Hauptstadt auf 35 km geschrumpft. Damaskus liegt seither in Reichweite konventioneller israelischer Geschütze.

Wie die irakischen Raketenangriffe auf Israel während

des Golfkrieges 1991 demonstrierten, nimmt die militärische Bedeutung der Höhenzüge im Zeitalter ballistischer Raketen ab. Indes geht es in dem zähen Ringen zwischen den Konfliktparteien auch um die Kontrolle über die Wasservorkommen im Golan, die aus Sicht der Konfliktparteien den Stellenwert einer „potenziellen ‚Waffe'" (Libiszewski 1997: 127) besitzen. Syrien verdächtigt Israel, mit der Besetzung der Golan-Höhen den Vorgaben der „zionistischen Wunschgeografie" zu folgen, die sich an der strategischen Ressource Wasser orientiert. Nach der syrischen Interpretation ist die Besetzung und Annexion des Golan ein Teil der israelischen Geschichte kriegerischer Landnahme bei nicht vollständig festgelegten völkerrechtlichen Grenzen, die auf die Schaffung vollendeter Tatsachen auf gewaltsamem Wege zielt. Dass die Golan-Höhen für Israel neben dem militärischen Sicherheitsgewinn auch wasserpolitische Bedeutung haben, wird in Israel offen ausgesprochen. In dieser Frage hat jede israelische Regierung, die auf die Wasservorkommen in den Golan-Höhen nicht verzichten will, die Mehrheit der Bevölkerung hinter sich. Denn Israel bezieht zehn Prozent seines Trinkwassers aus Quellen, die nach einer Rückgabe des Golan wieder unter syrische Kontrolle fallen würden.

Aus diesem Zusammenhang ergibt sich die Bedeutung der unterschiedlichen Interpretation dessen, was ein „vollständiger Rückzug" Israels vom Golan wäre. Syrien fordert Israels Rückzug auf dessen de facto-„Besitzstand" vor dem 4. Juni 1967, dem Vorabend des Sechstage-Krieges. Syrien hätte dann Zugang zum See Genezareth und zum Oberlauf des Jordan. Vorteilhafter für Israel wäre ein Rückzug nur zur „internationalen Grenze", das heißt zu der zwischen Frankreich und Großbritannien vereinbarten Grenze des alten Mandatsgebietes von 1923, die einige Meter östlich des Sees Genezareth verläuft. Es geht bei der Differenz der Standpunkte also nicht um einige Quadratkilometer mehr oder weniger, sondern um die Kontrolle über Wasserressourcen, die vor allem von Israel als lebenswichtig angesehen werden.

Nach dem fehlgeschlagenen Versuch Syriens, die von Israel besetzten Teile des Golan im Oktoberkrieg 1973 zurückzuerobern, um die Grenzlinien vom 4. Juni 1967 wiederherzustellen, wurde hier eine Pufferzone eingerichtet, kontrolliert von der United Nations Disengagement Observer Force (UNDOF). Lange war die syrisch-israelische Grenzregion die ruhigste im gesamten Nahen Osten – allerdings auf Kosten des Libanon. Mit Hilfe der militärischen Nadelstiche der libanesischen Hisbollah konnte Syrien Israel einen Preis für die andauernde Besetzung des Golan abverlangen.

Verglichen mit dem hochkomplexen israelisch-palästinensischen Konfliktverhältnis handelt es sich bei dem Streit um die Golan-Höhen um einen vergleichsweise einfachen territorialen Disput. Mit ihm sind zwar Probleme von vitalem Interesse für die Parteien verknüpft – militärische Sicherheit und eine gesicherte Wasserversorgung –, aber Sicherheitsarrangements wie eine demilitarisierte Zone auf dem Golan, die Ausdünnung von Streitkräften hinter dieser Zone, die Installation von Frühwarnsystemen oder die Einrichtung einer gemeinsamen Wasserbehörde, über die in der Vergangenheit Gespräche geführt wurden, könnten diesen Interessen

Rechnung tragen. Für Vereinbarungen zum beiderseitigen Nutzen (sogenannte *win-win*-Lösungen) wäre es allerdings erforderlich, dass die Kontrahenten das im Nahen Osten verbreitete Nullsummendenken, wonach der Vorteil der einen Seite der anderen Seite zum Nachteil gereicht, überwinden. Voraussetzung hierfür wäre aber, dass die Kontrahenten an einer Friedenslösung wirklich interessiert sind. In der Vergangenheit fehlte es ihnen an überzeugenden Beweggründen für eine rasche Übereinkunft: Israel müsste eine Einigung mit der Rückgabe eroberten Territoriums erkaufen, was innenpolitisch mit beträchtlichen Risiken für die Regierung verbunden wäre. Syrien würde durch ein Abkommen über den Golan zwar Territorium zurückerhalten. Doch ob Syrien aus einem Frieden mit Israel eine „Friedensdividende" beziehen könnte, die den Nutzen übersteigt, den ihm seine Frontstellung im arabisch-israelischen Konflikt und die darauf beruhende regionalpolitische Bedeutung in der Vergangenheit gesichert hat, ist fraglich. Aus diesem Grunde bestand Syrien stets auf einem „ehrenvollen" Frieden, d. h. auf einer vollständigen Rückgabe der Höhenzüge – so wie Ägypten die gesamte Sinai-Halbinsel zurückerhalten hatte. Alle bisherigen Anläufe zu einer für beide Seiten annehmbaren Beilegung des territorialen Streits stießen früher oder später auf unüberwindbare Hindernisse – zuletzt 2008, als der israelische Ministerpräsident Ehud Olmert sich zu direkten Friedensverhandlungen mit dem syrischen Präsidenten bereiterklärt hatte. Allerdings knüpfte er daran die Bedingung, dass Syrien den palästinensischen Organisationen Hamas und Islamischer Dschihad seine Unterstützung entzieht. Erwartungsgemäß blockierte diese Bedingung eine weitere Annäherung.

Im Lichte des syrischen Bürgerkriegs ist zumindest in naher Zukunft keine Lösung in Sicht. Die Destabilisierung der gesamten Region hat aus israelischer Sicht die militärischen Aspekte der Golan-Höhen wieder in den Vordergrund rücken lassen. Beunruhigt ist Israel in erster Linie über den gewachsenen Einfluss Irans im Nachbarland, der seinen konkreten Niederschlag in der militärischen Unterstützung der syrischen Armee durch die Revolutionären Garden und die Belieferung der Hisbollah mit modernem militärischem Gerät findet. Daraus leitet Israel das Recht ab, proaktiv Ziele auf syrischem Territorium anzugreifen – in der Erwartung, dass begrenzte Militärschläge nicht zur Stationierung iranischer Truppen in Grenznähe oder gar zu ihrem Eingreifen führen.

Insgesamt sind die Möglichkeiten Israels, auf den Verlauf des syrischen Bürgerkriegs Einfluss zu nehmen, begrenzt. Allerdings hat der Kontrollverlust des syrischen Regimes über das Territorium des von ihr regierten Landes die israelische Position im Streit um die Golan-Höhen gestärkt (Hanauer 2016: 8). Denn ohne verlässlichen Partner in Damaskus lassen sich keine Verhandlungen über die Zukunft des Golan führen, geschweige denn Vereinbarungen treffen. Israel bereitet sich denn auch darauf vor, seine dortige Präsenz zu festigen. Zusätzlich zu den bisher 20 000 jüdischen Siedlern ist die Ansiedlung weiterer 100 000 Israelis geplant (Asseburg/Busse 2016a). Wie im Westjordanland würden auch hier *facts on the ground* künftigen einvernehmlichen Lösungen im Wege stehen.

4.2.2 Externe Akteure

Kolonialstaaten gestalteten den modernen Vorderen Orient, Völkerbund und Vereinte Nationen fassten weitreichende Beschlüsse über Palästina, Großmächte wurden zu Schutzpatronen der Konfliktparteien und kein Regionalkonflikt hat die internationale Diplomatie so anhaltend beschäftigt wie der Palästina-Konflikt. Das Engagement externer Akteure ist Teil der Konfliktdynamik, im Krieg ebenso wie in der Diplomatie. Im Mittelpunkt der folgenden Analyse stehen drei dieser externen Akteure: die Vereinigten Staaten von Amerika (USA), die Europäische Union (EU) und die Vereinten Nationen (UNO).

4.2.2.1 USA

Die Vorstellung, dass die USA im Nahen Osten Frieden schaffen könnten, wenn sie nur wollten und sich entsprechend engagierten, ist weit verbreitet. Sie stützt sich auf die Auffassung, dass die USA über konkurrenzlose Machtressourcen verfügen, auf Grund derer ihnen auch die Beendigung des nahöstlichen Jahrhundertkonflikts gelingen könnte (Kaim 2003: 326). Die Realität ist jedoch komplizierter. Einerseits stellen die USA unter den auswärtigen Mächten, die Einfluss auf den Nahen Osten und die benachbarten Golfstaaten nehmen, seit Mitte der siebziger Jahre in der Tat alle anderen Staaten eindeutig in den Schatten. Das gilt auch angesichts der Intervention Russlands in den syrischen Bürgerkrieg. Sie war zwar von dem Wunsch Moskaus geleitet, seinen Status aufzuwerten und wieder Teil der internationalen Diplomatie zu werden. Aber für eine „Rückkehr" Russlands als externe Gestaltungsmacht im Nahen Osten fehlen ihm die Ressourcen (Heller 2016). Andererseits aber haben im amerikanischen Regierungssystem die für Außenpolitik Zuständigen nicht die weiten Spielräume, die man ihnen oft unterstellt: Der Präsident und die Ministerien ziehen nicht immer an einem Strang, Interessengruppen und sogenannte Denkfabriken nehmen Einfluss auf Politiker, Medien verfolgen das Geschehen und die amerikanische Politik im Nahen Osten besonders aufmerksam, und da in den USA alle zwei Jahre gewählt wird, stehen die Senatoren, noch mehr aber die Abgeordneten im Repräsentantenhaus permanent auf dem Prüfstand und müssen um Zustimmung für ihre Entscheidungen werben. Kritik an Entscheidungen der israelischen Regierung, z. B. an der Siedlungspolitik, ist für die Karriere von amerikanischen Politikern nicht ohne Risiko.

Für die erstrangige Bedeutung des Vorderen Orients in der amerikanischen Außenpolitik gibt es eine Reihe von Gründen: *Erstens* ist die Region aufgrund ihrer Erdölvorräte von erheblicher Bedeutung für die westlichen Industriestaaten. Die USA sind bereit, den ungestörten Erdölfluss aus dieser Region zu moderaten Preisen notfalls auch mit militärischen Mitteln sicherzustellen; die enormen Rüstungsverkäufe an die arabischen Golfstaaten sind nicht nur wirtschaftlich, sondern auch politisch begründet. *Zweitens* besteht zwischen den USA und Israel eine *special relationship,* auf deren Basis die USA Israel de facto garantieren, im Falle einer existenziellen

Bedrohung für seine Sicherheit einzustehen. Und *drittens* betrachten die USA den Vorderen Orient als einen Raum, von dem aus der international agierende Terrorismus die nationale Sicherheit der USA bedroht. Sie legitimierten die Kriege gegen Afghanistan und den Irak mit den Anschlägen vom 11. September 2001 (9/11), geplant von al-Qaida unter Führung des aus Saudi-Arabien stammenden Osama bin Laden.

Allerdings galt der Vordere Orient nicht erst seit den Terroranschlägen von 2001 als Region, in der sich die USA feindlichen Mächten gegenüber sehen. Bereits der Sturz des westlich orientierten Shah Mohammed Reza Pahlavi und die Errichtung der Islamischen Republik Iran im Jahr 1979 hatte oppositionelle Strömungen in der Region inspiriert, die sich auf den Islam als Legitimationsquelle beriefen. Die Vertreter des politischen Islam verlangten zur Lösung wirtschaftlicher und sozialer Probleme eine Rückbesinnung auf islamische Werte und forderten, sie zur Grundlage staatlichen Handelns zu machen. Vor diesem Hintergrund nahmen sie stets Anstoß an der militärischen Präsenz der USA in der Region, der Partnerschaft der reichen Ölförderländer mit den USA und deren strategischer Allianz mit Israel.

Die massiven Truppeneinsätze der USA mit anschließendem „Nation-Building" gehören zwar der Vergangenheit an. Aber an ihre Stelle ist eine selektive Kriegführung getreten, die sich gezielter Militärschläge aus der Distanz sowie verdeckter Aktionen von Spezialeinheiten und Geheimdiensten bedient (Hensell/Kahl 2016: 209). Nach wie vor scheinen die USA entschlossen zu verhindern, dass in dieser Region nach Afghanistan erneut ein Staat entsteht, der Dschihadisten als Rückzugsraum dient.

Die *special relationship* zwischen den USA und Israel hat ihren Ursprung im Ost-West-Konflikt, den die USA und die Sowjetunion zur Mehrung ihres weltweiten Einflusses auf Regionalkonflikte übertrugen. Eine enge Partnerschaft mit dem militärisch so erfolgreichen Israel im Nahen Osten lag in ihrem strategischen Interesse (Beck 2005: 166). Allerdings kann sich diese Partnerschaft auf eine Reihe weiterer Beweggründe auf amerikanischer Seite stützen. Nach dem Ersten Weltkrieg, als die Sieger die Landkarte des modernen vorderen Orients gestalteten, äußerte der amerikanische Präsident Woodrow Wilson, ein tief religiöser Mensch, der das Heilige Land weniger mit arabischer Gegenwart als mit dem Land der Bibel assoziierte, Sympathien für das zionistische Vorhaben (Krell 2004: 4). Nach dem Zweiten Weltkrieg standen die USA bei der israelischen Staatsgründung Pate; ihr Druck auf einzelne UN-Mitgliedstaaten trug dazu bei, dass die Teilungsresolution 1947 in der UNO die erforderliche Zwei-Drittel-Mehrheit erhielt. Unter Präsident Harry S. Truman waren die USA der erste Staat, der Israel de facto anerkannte – elf Minuten nach dessen Unabhängigkeitserklärung am 14. Mai 1948. Am 31. Januar 1949 folgte die de jure-Anerkennung. Durch den Holocaust war in den USA eine emotionale Bindung an das jüdische Volk entstanden, die sich auch dem Gefühl der Schuld verdankte, gegen die Vernichtung des europäischen Judentums nicht eingeschritten zu sein. Überdies betrachtete man in den USA den Staat Israel als „wahlverwandt": Er war aus einer Gesellschaft von Pio-

nieren entstanden, seine kulturellen Wurzeln lagen in
Europa und seine politischen Institutionen entsprachen
den westlichen Vorstellungen von Freiheit und Demokratie. Die positive Grundeinstellung gegenüber Israel
ist also älter als die strategische Allianz zwischen den beiden ungleichen Partnern und auch nicht ausschließlich
mit dem Ost-West-Konflikt zu erklären.

Zunächst aber stand die Politik der USA im Vorderen Orient im Zeichen ihrer erdölpolitischen Interessen
und sie bauten in den 1940er und 1950er Jahren Allianzen mit den Golfmonarchien auf. Darüber hinaus pro-
filierten sie sich als antikoloniale Macht. Im zweiten
Nahost-Krieg, als Israel mit den Noch-Kolonialmächten Großbritannien und Frankreich gemeinsame Sache
machte, sorgten die USA dafür, dass das militärisch erfolgreiche Israel den Sinai und den Gazastreifen wieder
räumte (vgl. Kap. 2.3.2). In diesem Krieg geriet der israelisch-arabische Konflikt erstmals in das Koordinaten-
system des Ost-West-Konflikts. Die sowjetische Unterstützung Ägyptens war der Auftakt zu einer Aufrüstung
des Nahen Ostens durch Waffenimporte aus Ost und
West, in deren Verlauf er zu einer hoch militarisierten
Region wurde. Unter Präsident Dwight D. Eisenhower
betrachteten die USA beide Seiten im Nahost-Konflikt
mit Misstrauen, bemühten sich grundsätzlich um eine
unparteiische Politik gegenüber Arabern und Israelis
und vermieden es, den Rüstungswettlauf in der Region
anzuheizen. Das änderte sich unter seinem Nachfolger
John F. Kennedy, der seine Außenpolitik ganz in den
Dienst der globalen Auseinandersetzung mit dem So-
wjetkommunismus stellte und in der Dritten Welt neue

Partner zu gewinnen suchte. Die USA schlossen auch die Augen vor Israels Entwicklung von Atomwaffen (Cohen 1998). Nach dem triumphalen Sieg Israels im dritten Nahost-Krieg schließlich bauten die USA ihre Beziehungen zu Israel zu einer umfassenden, wenngleich weiterhin informellen Allianz aus. Seither greifen die USA Israel auch finanziell massiv unter die Arme. Die staatlichen Finanzhilfen betragen etwa drei Milliarden Dollar im Jahr, fließen hauptsächlich in den israelischen Rüstungshaushalt und von dort meistens zurück in die amerikanische Rüstungsindustrie. Meinungsverschiedenheiten etwa über den anhaltenden Siedlungsbau Israels in den besetzten Gebieten tun der Verlässlichkeit der Unterstützung keinen Abbruch. Für die Periode 2019 bis 2028 kann Israel mit 38 Milliarden US-Dollar an Hilfszahlungen zu Verteidigungszwecken rechnen. Allerdings ist diese Zahlung an den Kauf von amerikanischen Rüstungsgütern gebunden, kommt also nicht mehr wie zuvor teilweise der israelischen Rüstungsindustrie zugute.

Die Partnerschaft zwischen den USA und Israel kommt einer Existenzgarantie für den strategisch verletzlichen Staat Israel gleich. In dieser Konstellation wurzelt die Rolle der USA als dominierender extra-regionaler Akteur im israelisch-palästinensischen Konflikt. Die Palästinenser finden sich mit dieser Rolle ab. Denn sie wissen, dass allein die USA in der Lage sind, Israel ein Friedensabkommen zu Konditionen abzuverlangen, die sie als die schwächere der Konfliktparteien nicht allein würden durchsetzen können (Haass 1997: 67). Die USA haben ihrerseits ein deutliches Interesse an der Beilegung des Nahost-Konflikts. Ihr Bemühen um eine Konfliktregelung wurzelt in den oben genannten langfristigen strategischen Zielen in der Region. Bei anhaltenden regionalen Spannungen lassen sich diese Ziele nur unter Schwierigkeiten verfolgen. Zwar hat die Region nach dem Ende des Ost-West-Konflikts ihre Bedeutung für die weltweite hegemoniale Konkurrenz zwischen den damaligen Supermächten verloren. Aber die weiteren Motive für das US-Engagement in der Region bestehen fort: die politisch-kulturellen Bindungen an Israel, die terroristische Bedrohung aus der Region und der Erdölfluss aus den arabischen Golfstaaten – auch wenn neue Fördertechniken und Erdölfunde die Abhängigkeit der USA vom Energieimport vermindert haben. Der Vordere Orient besitzt für die USA weiterhin eine hohe Bedeutung, weil sich ihre dortigen Interessen nicht auf die Ressourcenfrage reduzieren lassen.

Die USA können nicht nur auf eine erfolgreiche Eindämmung akuter Konflikte wie dem Suez-Krieg 1956 oder dem Oktoberkrieg 1973 zurückblicken, sondern haben durch friedenspolitisches Engagement wie in Camp David 1978, das zum israelisch-ägyptischen Friedensvertrag führte, ihr Gewicht in der Region noch erhöhen können. Auch nach dem Ost-West-Konflikt waren die USA kontinuierlich in der Rolle eines Vermittlers zwischen den Konfliktparteien aktiv und sie sind es bis heute. Die folgenden Beispiele zeigen aber auch, dass sie lediglich Impulse geben konnten. Zu einer Befriedung des Konflikts um Palästina führten diese nicht.

⇨ Präsident H. George Bush sen. knüpfte 1991 die Zusage von Kreditbürgschaften über zehn Milliarden

Dollar an einen israelischen Siedlungsstopp in den besetzten Gebieten. Mit seiner kritischen Bewertung der fortgesetzten israelischen Landnahme in den palästinensischen Gebieten trug er dazu bei, dass der damalige israelische Ministerpräsident Yitzhak Schamir von Likud die israelischen Wahlen im Juni 1992 verlor und Yitzhak Rabin von der Arbeitspartei die Chance für eine Verständigung mit der PLO erhielt.

⇨ Nach Unterzeichnung der israelisch-palästinensischen „Grundsatzerklärung über die Übergangsregelungen für die Autonomie" im September 1993 setzte der amerikanische Kongress die Klausel im Gesetz über die Auslandshilfe, die eine Unterstützung der PLO verbietet, außer Kraft. Damit stärkten die USA die Verhandlungsbereitschaft der PLO und deren Durchsetzungsfähigkeit gegenüber palästinensischen Gruppierungen, die den Verhandlungen skeptisch gegenüberstanden.

⇨ Seit der Unterzeichnung der Grundsatzerklärung unterstützen die USA die palästinensischen Gebiete mit jährlich etwa 500 Millionen US-Dollar. Darüber hinaus sind sie der größte Geldgeber für das Flüchtlingshilfswerk UNRWA. Neben humanitären Erwägungen verfolgen die USA mit ihrer Unterstützung im Wesentlichen zwei Ziele: die PA im Kontext des sogenannten „Kriegs gegen den Terror" gegenüber der Hamas zu stärken und die Willensbildung in den von der PA regierten palästinensischen Gebieten im Sinne einer friedlichen Koexistenz mit Israel bzw. der Zweistaatenlösung zu beeinflussen (Zanotti 2016: 2). Im Licht der israelisch-amerikanischen Allianz lassen sich die

Zuwendungen für die PA indes auch als „materielle Ergänzung zum israelischen Kontroll- und Sicherheitsregime" (Krieger 2013: 15) deuten.

⇨ Präsident Bill Clinton setzte bei dem Gipfeltreffen im Juli 2000 in Camp David das ganze Prestige seines Amtes ein, um ein Abkommen über den so genannten Endstatus zwischen Israel und den Palästinensern zu erwirken. Als dies nicht gelang, legte er im Dezember 2000, als sein Nachfolger George W. Bush schon gewählt war, einen Vorschlag zur Überbrückung der Differenzen vor, der zur Basis weiterer bilateraler Verhandlungen wurde, bei denen sich die Positionen der Kontrahenten in einer Reihe von Fragen so annäherten wie nie zuvor.

⇨ Präsident George W. Bush bekannte sich im Juni 2002 in einer Rede vor der UNO zur Vision von zwei Staaten, die „friedlich Seite an Seite" leben. Er war damit der erste amerikanische Präsident, der öffentlich für die Etablierung eines palästinensischen Staates eintrat. Allerdings machte er seine Unterstützung von der Wahl neuer palästinensischer Führer abhängig – Yassir Arafat war als vermeintlicher Drahtzieher der Al-Aqsa-Intifada für die amerikanische Regierung zur „Unperson" geworden.

Nach dem Scheitern der Endstatusverhandlungen und der Al-Aqsa-Intifada unternahmen die USA mehrere Anläufe, um die Friedensverhandlungen wieder in Gang zu setzen: 2008, 2009 und 2013. Die vorerst letzte Runde war von Außenminister John Kerry in monatelangen Bemühungen eingefädelt worden. Alle Kernfra-

gen des Konflikts, über die 13 Jahre zuvor bereits verhandelt worden war, standen erneut zur Diskussion.
Aber die Prioritäten beider Seiten waren andere: Die PA
trieb ihre Pläne für einen Ausbau der palästinensischen
Staatlichkeit voran und Israel forcierte den Siedlungsbau im Westjordanland. Am 29. April 2014 wurden die
Verhandlungen ergebnislos abgebrochen. Es scheint, als
hätten beide Seiten nur dem amerikanischen Drängen
zur Wiederaufnahme der Verhandlungen nachgegeben,
um Washingtons Gunst nicht aufs Spiel zu setzen.

Am letzten Beispiel wird auch deutlich, wo die Grenzen des amerikanischen Engagements bei der Vermittlung liegen: Israels Sicherheit steht auf der Agenda der
US-Nahost-Politik an oberster Stelle. Die Anschläge vom
11. September 2001 und der nachfolgende „Krieg gegen
den Terror" haben die amerikanisch-israelische Allianz
weiter gefestigt. Insbesondere war es Israel gelungen,
seinen Kampf gegen die militanten palästinensischen
Organisationen in den Kontext der amerikanischen
Anti-Terror-Politik zu stellen. Dass palästinensische Terroranschläge nicht den USA galten und auch nicht vom
Hass auf den Westen motiviert, sondern allein aus dem
Nahost-Konflikt heraus erklärbar waren, schien uner-
heblich.

Zusammenfassend sind drei Prinzipien erkennbar, denen die USA in ihrem Engagement im israelisch-palästinensischen Konflikt folgen: *Erstens* wollen sie den
Frieden nicht stärker wünschen als die Konfliktparteien
selbst; *zweitens* können und wollen sie den Parteien
keine Lösung aufzwingen und *drittens* bestehen sie darauf, dass dauerhafte Fortschritte nur durch direkte Ver-

handlungen zwischen den Konfliktparteien zu erreichen seien. Was ihnen demgemäß bleibt ist förderliche Rahmenbedingungen für eine Einigung zu schaffen. In letzter Konsequenz bedeutet dies, dass die USA sich auf das Management des Konflikts beschränken. Nach der Wahl Donald Trumps zum 45. Präsidenten der USA ist nicht zu erkennen, dass sich hieran Wesentliches ändern wird. Allenfalls wird sich der Abschied der USA von der Zwei-Staaten-Lösung in Übereinstimmung mit der israelischen Rechten beschleunigen.

Schon während des Ost-West-Konflikts hatte sich gezeigt, dass der Einfluss von Großmächten auf regionale Akteure bei militärischen Auseinandersetzungen viel stärker wirkt als bei politischen Konfliktregulierungen. Friedliche Lösungen von Regionalkonflikten durch Interessenausgleich und Kompromisse auf dem Verhandlungswege können zwar von außen durch Vermittlung unterstützt werden. Doch letztlich müssen die direkten Gegner eine Lösung wollen und zustande bringen.

4.2.2.2 Europäische Union

Historische Gründe für die EU im Nahen Osten friedenspolitische Verantwortung zu übernehmen, liegen in der europäischen Mitverantwortung für den Konflikt um Palästina (vgl. Kap. 2.2). Als Akteur gegenüber den Parteien im israelisch-palästinensischen Konflikt präsentiert sie sich als normative Kraft, in ihrem Handeln orientiert an der Förderung der Werte, auf die sie sich selbst beruft: Demokratie, Menschenrechte und

Rechtstaatlichkeit. Darüber hinaus aber haben die europäischen Staaten ein eigenes Interesse an Stabilität in der unmittelbaren Nachbarregion entwickelt. Denn der Nahost-Konflikt war in den 1970er Jahren zum Sicherheitsproblem auch Europas geworden, nachdem radikale Gruppen der PLO von der Strategie des lokal begrenzten Guerillakampfes zur Strategie des internationalen Terrors übergegangen waren: 1970 entführten Kommandos der „Volksfront für die Befreiung Palästinas" drei Flugzeuge der TWA, der Swissair und der Pan Am; ein vierter Entführungsversuch einer El Al-Maschine misslang. Zwei Jahre später wurde die israelische Olympiamannschaft in München Opfer eines Kommandos der palästinensischen Terrorgruppe „Schwarzer September". Überdies führte der permanente Spannungszustand dazu, dass der Vordere Orient zu einer hochmilitarisierten Region wurde; insbesondere das Wettrüsten bei ballistischen Raketen betrachteten die nördlichen Anrainerstaaten des Mittelmeers als Bedrohung ihrer Sicherheit. Zudem war die Militarisierung eine der Ursachen für die Entwicklungsblockade der arabischen Staaten, in deren Folge es zu unerwünschter Migration nach Europa kommt. Und schließlich ist auch der Energiehunger Europas in Rechnung zu stellen: Die EU-Mitgliedstaaten beziehen ein Viertel ihrer Erdölimporte aus dem Vorderen Orient einschließlich der arabischen Staaten Nordafrikas, zwei Drittel davon aus den Golfstaaten (European Commission 2015). Wie die „Ölkrise" 1973 im Zusammenhang mit dem vierten Nahost-Krieg zeigte, können kriegerische Ereignisse den reibungslosen Fluss dieses vitalen Rohstoffs gefährden.

Europa ist denn auch seit Jahrzehnten um eine tragfähige Lösung des Konflikts zwischen Israel und den Palästinensern bemüht. Von Anfang an standen die Europäer dabei allerdings im Schatten der USA. Überdies wünschte Israel keine politische, sondern nur eine wirtschaftliche Rolle Europas im Nahost-Konflikt. Erst als Mitglied des Nahost-Quartetts, das auf eine europäische Initiative im Jahr 2002 zurückgeht, rückte die EU in die Rolle eines Vermittlers auf, mit dem Anspruch direkt auf den Konfliktaustrag einzuwirken – wenngleich nur in Koordination mit den Quartett-Partnern, und das bedeutet vor allem in Absprache mit den USA.

Die langjährige Statistenrolle Europas hat ihre Wurzeln im Bedeutungsverlust der ehemaligen Kolonialmächte Großbritannien und Frankreich. Noch in der Zwischenkriegszeit war Großbritanniens Rolle als externe Führungsmacht in der Golfregion unangefochten. Nach dem Zweiten Weltkrieg übernahmen die USA mit dem Aufbau eines internationalen Erdölregimes diese Rolle. Eine Möglichkeit, sich von ihrem kolonialen Image zu befreien und sich im arabischen Nahen Osten wieder Gehör zu verschaffen, sahen die Europäer im Aufbau eines Gegengewichts zur amerikanisch-israelischen Allianz, indem sie sich zum „Anwalt der ‚palästinensischen Sache'" (Beck 2005: 167) machten. Eine Sonderrolle spielte Deutschland, das im Zuge der Wiedergutmachung erhebliche Finanzhilfe an Israel leistete: Auf der Basis der 1952 zwischen Israel und der Bundesrepublik Deutschland geschlossenen Wiedergutmachungsverträge erhielten in Israel lebende NS-Verfolgte bisher Entschädigungsleistungen in Höhe von rund 28 Milliar-

den Euro. Jährlich werden ca. 300 Millionen Euro an
Entschädigungsrenten und verwandten Leistungen an
die hochbetagten, von der Verfolgung gezeichneten und
nicht selten in bitterer Armut lebenden Empfänger in
Israel ausgezahlt. Hinzu kommen Leistungen in der So-
zialversicherung und im Lastenausgleich (Deutsche Botschaft Tel Aviv 2016a).

Im November 1970 trafen sich erstmals die Außenminister der sechs EU-Gründerstaaten in München, um
Möglichkeiten einer koordinierten Außenpolitik zu er-
örtern. Es war die Geburtsstunde der Europäischen Politischen Zusammenarbeit (EPZ). Die Ministerrunde
wählte den Nahen Osten zum Terrain ihrer außenpolitischen Gehversuche und 1973 erfolgte die erste gemeinsame Erklärung zum Nahost-Konflikt. Ein eigenständi-
ges Profil gegenüber dem Nahost-Konflikt gab Europa
sich 1980 mit der Erklärung von Venedig. Darin zeigte
sich der Europäische Rat überzeugt, dass es für eine umfassende Lösung des israelisch-arabischen Konflikts erforderlich sei, das Selbstbestimmungsrecht des palästinensischen Volkes anzuerkennen und die PLO am Aus-
handeln einer Friedensregelung zu beteiligen. Seit dem
Signal von Venedig begegnet Israel allerdings politischen
Aktivitäten Europas im Nahen Osten mit deutlichem
Misstrauen. Erst 1991 erhielten die Europäer einen Platz
am nahöstlichen Konferenztisch, als sie den Vorsitz der
in Madrid installierten Arbeitsgruppe Regionale Wirt-
schaftsentwicklung übernahmen.

Das Jahr 1993 markierte eine Zäsur in der europäischen Nahost-Politik. Die gegenseitige Anerkennung
Israels und der PLO eröffnete neue Chancen auf eine

Beilegung des Konflikts um Palästina. Im gleichen Jahr trat der in Maastricht beschlossene Vertrag über die Politische Union (EU) und die Gemeinsame Außen- und Sicherheitspolitik (GASP) in Kraft. Seither bemühte sich die EU, außen- und sicherheitspolitisch und bei ihrem Engagement im Nahost-Konflikt mit einer Stimme zu sprechen, und berief im November 1996 einen Sonderbeauftragten für den Nahost-Friedensprozess sowie im Juni 1999 einen Hohen Vertreter für die GASP. Dennoch handelte es sich eher um eine koordinierte Außenpolitik, denn der Hohe Vertreter war lediglich für die Durchführung der Beschlüsse des Ministerrats zuständig. Anders als in der Entwicklungs- und Außenhandelspolitik verblieb bei außen- und sicherheitspolitischen Angelegenheiten die Souveränität bei den Mitgliedstaaten.

Hieran ändert sich auch mit dem am 1. Dezember 2009 in Kraft getretenen Vertrag von Lissabon de facto nichts. Zwar wurde das Amt des Hohen Vertreters der EU für Außen- und Sicherheitspolitik, wie es nunmehr heißt, aufgewertet. Die Amtsinhaberin ist nicht nur Vorsitzende des Außenministerrats, sondern auch Außenkommissarin und Vizepräsidentin der Europäischen Kommission. In dieser Kombination besitzt sie ein Initiativrecht, so dass sich ihre Gestaltungsmöglichkeiten gegenüber denen ihrer Vorgänger erweitert haben. Doch nach wie vor werden alle Fragen der Außen- und Sicherheitspolitik einstimmig entschieden, was auf ein Vetorecht jedes EU-Staates hinausläuft.

Die EU-Mitgliedstaaten haben traditionell und bis heute unterschiedliche Herangehensweisen, was den Nahost-Konflikt, die Konfliktparteien und die Rolle der

EU angeht. Insbesondere zwischen Frankreich und Deutschland gibt es deutliche Unterschiede – innerhalb der EU sagt man Frankreich nach, es sympathisiere eher mit palästinensischen Positionen, während Deutschland eher als Sprachrohr israelischer Standpunkte gilt. Gleichwohl hat sich Deutschland im israelisch-palästinensischen Konflikt mitunter auch zum Anwalt palästinensischer Interessen gemacht, z. B. 1999, als es in seiner Eigenschaft als EU-Ratspräsident maßgeblich zur „Berliner Erklärung des Europäischen Rates" beitrug, in der gefordert wird, das Recht der Palästinenser auf Selbstbestimmung anzuerkennen, ohne dabei die Option eines Staates auszuschließen. Erstmals hatte sich die EU damit im Grundsatz für die Gründung eines unabhängigen Staates Palästina ausgesprochen. Jenseits aller Differenzen zwischen den EU-Staaten, was die Akzente ihrer Nahost-Politik angeht, verbindet sie doch das gemeinsame Interesse an Stabilität in der Nachbarregion und die Einschätzung, dass dazu ein tragfähiger Friedensschluss im israelisch-palästinensischen Konflikt erforderlich ist.

So erklärt sich, dass sich die EU und ihre Mitgliedstaaten in herausragender Weise finanziell engagierten, um den Friedensprozess zu fördern. Von 1994 bis 2016 belief sich die Unterstützung für die Palästinensische Autonomiebehörde und palästinensische Nicht-Regierungsorganisationen, humanitäre Hilfe für die Flüchtlinge und grenzüberschreitende Friedensprojekte auf rund elf Milliarden Euro. Mit 20 Prozent aller Unterstützungsleistungen führt Deutschland die Liste der Geberländer an. Außerdem erhielten die palästinensischen Gebiete, gemessen an der Pro-Kopf-Förderung, die umfangreichste Unterstützung aller Empfänger der deutschen Entwicklungszusammenarbeit.

Angesichts der Gewalteskalation im Zuge der israelischen Operation „Schutzschild" im April 2002 ergriff die EU eine Initiative zur Wiederbelebung des Friedensprozesses. Mit den USA, Russland und den Vereinten Nationen fand sie sich zum „Nahost-Quartett" zusammen. Es legte den Konfliktparteien im April 2003 einen Friedensfahrplan, die „Road Map" vor. Für einen Wettbewerb mit den USA bei der Vermittlung zwischen den Konfliktparteien ist die EU jedoch nicht gerüstet. Hierzu fehlt es ihr u. a. an militärischen Ressourcen von der Art, die den USA in der Region zur Verfügung stehen. Überdies wünscht Israel keine Vermittlerrolle der EU. Doch die EU konnte die Rahmenbedingungen des Friedensprozesses verbessern, indem sie ihr Potenzial auf anderen Feldern in die Waagschale warf und die Palästinenser unterstützte, z. B. beim Aufbau staatlicher Institutionen, der Schulung der Polizei, der Entwicklung der Infrastruktur, der Achtung der Menschenrechte. Auch ein substanzieller Beitrag zur „human security", d. h. die Gewährleistung eines geordneten Zusammenlebens ohne Furcht vor Anarchie, Willkür oder existenzieller Not, gewährt Einfluss, der dem Friedensprozess zugutekommen kann.

Parallel zu ihrer Unterstützung der Palästinenser baut die EU ihre Beziehungen zu Israel stetig aus. 1995 schlossen beide Staaten ein Assoziierungsabkommen, das 2000 in Kraft trat. Seither können Waren aus Israel zollfrei in die EU exportiert werden und umgekehrt. Die EU ist der wichtigste Handelspartner Israels. Im Jahr 2014 kamen 35,6 Prozent aller israelischen Importe aus EU-Mitgliedstaaten. In umgekehrter Richtung ist die EU nach den USA mit rund 27 Prozent der zweitwichtigste Absatzmarkt für israelische Produkte und Dienstleistungen (Deutsche Botschaft Tel Aviv 2016b). Quantitativ gesehen sind die Handelsbeziehungen für die EU eher marginal, während sie für Israel eine hohe Bedeutung besitzen. Über die wirtschaftliche Verflechtung hinaus sind auch die wissenschaftlichen, technologischen und kulturellen Beziehungen enger geworden.

Ein Teil der Güter, die in die EU fließen, stammt aus den jüdischen Siedlungen im besetzten Westjordanland. Jahrelang konnte sich die EU nicht auf ein Verfahren einigen, wie sie gegenüber Israel das Prinzip ihrer Herkunftsregeln durchsetzen will, wonach diese Produkte nicht unter das Assoziierungsabkommen fallen. Aus Sicht der EU sind die Siedlungen völkerrechtswidrig. Sie im Rahmen des Assoziierungsabkommens zu privilegieren, stand im Widerspruch zu dieser Auffassung. Mit der Einführung einer Kennzeichnungspflicht für israelische Produkte aus den israelischen Siedlungen löste die EU im Jahr 2015 diesen Widerspruch auf. Weitergehende Maßnahmen wie ein Importstopp für Waren aus den Siedlungen sind indes nicht in Sicht. Man könnte annehmen, dass insbesondere die asymmetrischen Handelsbeziehungen aus EU-Sicht einen Hebel darstellen würden, um Israel zu einer Einstellung des Siedlungsbaus anzuhalten. Eine solche Überlegung verkennt indes die historisch erklärlichen Bedenken der EU und hier vor allem Deutschlands, Mittel gegen Israel einzusetzen, die sich als Zwang interpretieren lassen.

Insofern sind Zweifel an der normativen Selbstdarstellung in Brüssel angebracht. Bis es der EU gelingt, ihre historisch erklärlichen Divergenzen vor allem im Verhältnis zu Israel zu überwinden und mit einer Stimme zu sprechen, anstatt es bei verbalen Protesten gegen Verstöße gegen internationales Recht zu belassen, wird sie dem selbstgesetzten Standard als normative Kraft nicht gerecht. Angemessener wäre es, sie als „soft power" zu betrachten, die positive Anreize solchen mit Zwangscharakter vorzieht (Lazarou/Gianniou/Tsouparas 2013: 187). Eine von der Europäischen Kommission in Auftrag gegebene Evaluation kommt zu dem kritischen Urteil, die EU sei zwar über viele Jahre der zuverlässigste Partner des palästinensischen Volkes gewesen. Gleichwohl habe sie wenig getan, die entscheidenden Hürden auf dem Weg zu einer Zweistaatenlösung zu überwinden: die israelische Besatzung und Siedlungspolitik sowie die politische Spaltung zwischen dem Westjordanland und dem Gazastreifen (European Commission 2014).

4.2.2.3 Vereinte Nationen

Von allen Regionalkonflikten hat keiner die UNO länger beschäftigt als der Konflikt um Palästina. Als Nachfolgeorganisation des Völkerbunds berief sie am 28. April 1947 die Vollversammlung ein, die einen Ausschuss mit dem Auftrag wählte, einen Lösungsvorschlag für das Palästina-Problem zu erarbeiten und ihr zur Abstimmung vorzulegen. Seither ist die UNO mit dem Nahost-Konflikt befasst. Ihre jahrzehntelangen Bemühungen haben zwar nicht eine Beilegung des Konflikts erwirkt. Dennoch hat die UNO den Konflikt mitgeprägt: mit dessen Erörterung und Beschlüssen ihrer Hauptorgane Vollversammlung, Sicherheitsrat, Wirtschafts- und Sozialrat, auf dem Wege der gutachterlichen Tätigkeit des Internationalen Gerichtshofs und der Kooperation mit dem Internationalen Strafgerichtshofs, in ihren diversen Sonderorganisationen und durch die Arbeit des Hilfswerks für Palästinaflüchtlinge im Nahen Osten UNRWA (vgl. Kap. 4.1.6).

In Resolution 181 vom 29. November 1947 empfahl die UN-Vollversammlung die Gründung eines jüdischen und eines arabischen Staates bis spätestens 1. Oktober 1948 sowie die Internationalisierung Jerusalems. Der Teilungsplan hatte weitreichende Folgen: Er löste Kämpfe in Palästina aus, in deren Verlauf es zu einer großen Fluchtwelle der arabischen Bevölkerung kam, veranlasste Großbritannien, sein Mandat niederzulegen sowie seine Soldaten und Polizisten abzuziehen und führte damit geradewegs in die Proklamation des Staates Israel. Der Teilungsplan verschaffte dem jüdischen Staat internationale Legitimität, auch wenn dieser seine Grenzen nicht markiert hatte, um eine spätere Ausdehnung seines Territoriums nicht zu erschweren (Shlaim 2001: 33). Am Ende des ersten Nahost-Krieges umfasste das von Israel kontrollierte Gebiet denn auch 23 Prozent mehr als von der UNO vorgeschlagen. Indes scheiterte der Teilungsplan insofern, als neben dem jüdischen kein arabischer Staat in Palästina errichtet wurde. Stattdessen dehnte sich das Königreich Transjordanien über den Jordan nach Westen aus und annektierte das Westufer

(West Bank), das heutige Westjordanland. Und schließlich gelang auch die Internationalisierung Jerusalems nicht. Die Stadt wurde im ersten Nahost-Krieg geteilt, im dritten Nahost-Krieg dem israelischen Staat einverleibt und von Israel zu seiner Hauptstadt erklärt. Auf der anderen Seite verschaffte die Resolution von 1947 den nationalen Bestrebungen der Palästinenser schon frühzeitig die Legitimation der Völkergemeinschaft.

Nach dem dritten Nahost-Krieg von 1967 verabschiedete der UN-Sicherheitsrat seine bekannte Resolution 242. S/RES/242 wurde zur Grundlage der Palästina-Politik der UNO und ist es bis heute. Die Resolution ist ein Kompromiss zwischen dem Standpunkt der arabischen Staaten, hinter denen die Sowjetunion stand, und Israel, das die USA unterstützten. Aus der Formulierung der Präambel, „dass es nicht angeht, Territorium durch Krieg zu erobern", lasen die arabischen Staaten und die Palästinenser die Aufforderung an Israel heraus, die besetzten Gebiete zu räumen. Den geforderten „Rückzug israelischer Streitkräfte aus (den) während des jüngsten Konflikts besetzten Gebieten" interpretierte Israel enger als die arabischen Staaten. Es sah sich nicht aufgefordert, alle besetzten Gebiete zu räumen und vertrat später die Auffassung, dass es die Resolution mit dem Rückzug aus dem Sinai, d. h. aus über 90 Prozent der besetzten Gebiete, erfüllt habe. Israel sah sich in dieser Interpretation durch eine weitere Formulierung der Resolution bestärkt, in der das Recht jeglichen Staates der Region anerkannt wurde, „in Frieden innerhalb sicherer und anerkannter Grenzen" zu leben. Die Waffenstillstandsgrenzen von 1949 seien für Israel keine sicheren Grenzen.

Erst die Besetzung des Gazastreifens, des Westjordanlandes und der Golan-Höhen hätten die für Israel erforderliche Sicherheit erbracht. Jahrzehntelang forderten die arabischen Staaten die Rückgabe der besetzten Gebiete als *Vorbedingung* für Verhandlungen und den Abschluss von Friedensverträgen, während Israel die Resolution als *Ergebnis* direkter Verhandlungen zwischen den Konfliktparteien verwirklicht sehen wollte. Israel sowie Ägypten, Jordanien und der Libanon akzeptierten die Resolution, Syrien und die PLO lehnten sie ab – die letzteren, weil die Palästinenser darin nur als Flüchtlinge vorkamen und von einem palästinensischen Staat nicht die Rede war.

Die unterschiedlichen Interpretationen spiegelten die Spaltung im Sicherheitsrat während des Ost-West-Konflikts wider. Aufgrund der gegenseitigen Blockade der ständigen Mitglieder USA und Sowjetunion war eine präzisere Formulierung nicht möglich. Eine eindeutigere Beschlussvorlage wäre vermutlich an einem Veto entweder der USA oder der Sowjetunion gescheitert.

Im Zuge ihrer Annäherung an die Zwei-Staaten-Lösung revidierte die PLO ihre Position später und erkannte in der palästinensischen Staatsproklamation in Algier (1988) Resolution 242 an. Im Friedensprozess der 1990er Jahre avancierte S/RES/242 zur Grundlage des Prinzips „Land für Frieden". Aber die Besetzung eroberten Landes dauert an und offen ist bis heute, welche der Interpretationen von S/RES/242 sich bei einem eventuellen Friedensschluss durchsetzen wird.

Die UNO hat zur Bewältigung der Kriegsfolgen in der Region eine Reihe von Einrichtungen geschaffen, darunter:

⇨ die 1948 gegründete Organisation zur Überwachung des Waffenstillstands (UNTSO). Sie ist bis heute tätig und war Vorbild für die später von der UNO in anderen Konflikten eingesetzten Beobachtertruppen; 2016 bestand sie aus 146 Militärbeobachtern, die auch andere UN-Missionen im Nahen Osten unterstützen;

⇨ die 1956 aufgestellte Eingreiftruppe I (UNEF) zur Gewährleistung und Überwachung der Einstellung von Feindseligkeiten, die von 1956 bis 1967 an der Sinai-Grenze mit etwa 3 400 Mann stationiert war, sowie die Eingreiftruppe II (UNEF II), die von 1973 bis 1979 mit rund 7 000 Mann den Waffenstillstand zwischen Ägypten und Israel sicherte;

⇨ die Beobachtergruppe der Vereinten Nationen zur Truppenentflechtung (United Nations Disengagement Observer Force, UNDOF), die seit 1974 in einem Pufferstreifen zwischen den syrischen und israelischen Frontlinien im Golan stationiert ist; 2016 bestand sie aus 819 Soldaten;

⇨ die Interimstruppe der Vereinten Nationen im Südlibanon (UNIFIL), die 1978 die Kontrolle einer Pufferzone zwischen den Palästinensern und Israel im Südlibanon übernahm und deren Mandat in den nachfolgenden Jahren immer wieder verlängert wurde. 2005 gehörten ihr 1 994 Soldaten an. Nach dem Zweiten Libanonkrieg 2006 wurde sie aufgestockt, 2016 umfasste sie 10 490 Soldaten (United Nations 2016);

⇨ das 1949 gegründete UNO-Hilfswerk für Palästina-Flüchtlinge im Nahen Osten (UNRWA), das vor allem die Lager im Westjordanland und im Gazastreifen sowie im Libanon, in Jordanien und in Syrien betreut. Seine Arbeitsfelder sind Erziehung, Ausbildung, Beschaffung von Arbeitsplätzen, medizinische Versorgung, humanitäre Nothilfe und Verbesserung der Infrastruktur. Überdies vergibt UNRWA Kleinkredite, um Jobs zu schaffen, Armut zu bekämpfen und die Selbständigkeit der Empfänger, viele davon Frauen, zu fördern (vgl. Kap. 4.1.6).

Gleichwohl waren die Möglichkeiten der UNO, auf den Konflikt im Sinne seiner Beilegung einzuwirken, eingeschränkt. Die Gegensätze unter seinen Mitgliedern lähmen den Sicherheitsrat, der gegen die Stimme eines seiner fünf ständigen Mitglieder keinen Beschluss fassen kann. Mit Hilfe ihres Vetorechts wurden die USA auch im Sicherheitsrat nachgerade eine Schutzmacht Israels. Beispielsweise legten sie während des israelischen Libanon-Feldzugs 1982 ihr Veto ein, als Israel im Sicherheitsrat zum sofortigen Rückzug aus Beirut aufgefordert, eine militärische Beobachtergruppe zur Überwachung eines Waffenstillstands nach Beirut entsandt und den Mitgliedstaaten der UNO verboten werden sollte, Waffen an Israel zu liefern.

Nach Ende des Ost-West-Konflikts zeigt sich abermals, dass das Vetorecht im Sicherheitsrat die UNO an wirkungsvollen Maßnahmen zur Beilegung von Konflikten hindert. Die Gefährdung des Friedensprozesses durch die verstärkten Siedlungsaktivitäten in den besetzten Gebieten fand keine angemessene Antwort des maßgebenden UN-Organs. Eine am 7. März 1997 in den Sicherheitsrat eingebrachte Resolution zur Verurteilung einer jüdischen Großsiedlung mit 6 500 Wohnungen für

32 000 Einwohner in Ost-Jerusalem scheiterte am Veto der USA. Die Vollversammlung der Vereinten Nationen hingegen verabschiedete am 13. März und am 25. April 1997 zwei Resolutionen, in denen Israel mit überwältigender Mehrheit aufgerufen wurde, von den Bauplänen Abstand zu nehmen. Doch die Vollversammlung kann, anders als der Sicherheitsrat, keine bindenden Beschlüsse fassen, sondern nur kritisieren oder empfehlen. Zu greifbaren Konsequenzen führte die Kritik der UNO nicht. Überdies sind auch Resolutionen des Sicherheitsrates nur begrenzt wirksam, wenn sie nicht „sanktionsbewehrt", das heißt mit Zwangsmitteln verbunden sind. Zum Beispiel blieben die Resolutionen 1402 und 1403, in denen Israel während der Operation „Schutzschild" im März und April 2002 zum „unverzüglichen Rückzug aus den Autonomiegebieten" aufgefordert wurde, ohne Resonanz.

Auch die Aufnahme von Palästina als Vollmitglied in die Vereinten Nationen scheiterte 2011 an der Vetomacht der USA (vgl. Kap. 4.1.1). Ein Jahr später mussten sich die Palästinenser mit der Aufnahme in die UNO als Beobachterstaat zufriedengeben. Aber eben dieser Fall zeigt wie viele andere vor ihm, dass die Vereinten Nationen nicht auf fehlende Durchsetzungsmacht reduziert werden können. Ihre Stärke im israelisch-palästinensischen Konflikt ist vor allem normativ begründet. Sie bieten den Palästinensern ein Forum zur völkerrechtlichen Begründung ihrer Ansprüche und trugen dazu bei, dass der Konflikt nicht vergessen wurde. Das kann man wie der amerikanische Militärstratege Edward Luttwak mit dem Argument kritisieren, dass der Konflikt andernfalls längst „natürlicherweise" durch den Sieg des Stärkeren beendet worden und Frieden eingekehrt wäre (Luttwak 1999). Die Vereinten Nationen hielten indes an einer friedlichen Lösung auf der Basis des Völkerrechts fest. Weder erkannten sie die israelische Annexion Ost-Jerusalems 1967 noch die der Golan-Höhen 1981 an.

Es war vor allem die Vollversammlung, in deren Beschlüssen sich der völkerrechtliche Anspruch der Palästinenser widerspiegelte und in denen umgekehrt Israel feindselige Einstellungen überwiegend undemokratischer Staaten erblickte. Sie verabschiedete eine Vielzahl von Entschließungen, in denen sie die fortdauernde Besetzung der im Sechstage-Krieg 1967 eroberten Territorien und die Verletzung der Menschenrechte der Palästinenser durch die Besatzungspolitik kritisierte. Sie ermöglichte 1974 dem PLO-Vorsitzenden Arafat einen triumphalen Auftritt, ebnete der PLO den Weg zu internationaler Anerkennung und erkannte 1988 die Proklamation eines unabhängigen Palästinenserstaates in den besetzten Gebieten durch den palästinensischen Nationalrat an. Gelegentlich zog der Sicherheitsrat nach: Im März 2002 verabschiedete er auf der Basis einer Beschlussvorlage der USA Resolution 1397, in der erstmalig von einem Recht der Palästinenser auf einen eigenen Staat an der Seite Israels die Rede ist (vgl. Kap. 4.2.2.1).

An diesem letzten Beispiel wird besonders deutlich, dass die Vereinten Nationen kein Motor zur Veränderung der Situation waren, sondern eher deren Spiegel. Zur Lösung des Konflikts konnten die in den Nahen Osten entsandten Friedenstruppen nicht beitragen. Eine Revision der gewaltsamen Landnahme Israels durch

Besetzung, Annexion und Siedlungsbau konnten bzw. wollten weder die Vollversammlung noch der Sicherheitsrat erwirken. Es gelang der UNO nicht, den Schutz der Palästinenser in den besetzten Gebieten zu gewährleisten. An der Initiierung des Friedensprozesses in den 1990er Jahren war sie nicht beteiligt. Folgenlos blieben auch das Rechtsgutachten des Internationalen Gerichtshofs von 2004 über die Völkerrechtswidrigkeit der Sperranlage oder die kritischen Untersuchungsberichte über die Gazakriege 2008/2009 und 2014, in denen beiden Seiten zahlreiche Kriegsverbrechen vorgeworfen wurden (Human Rights Council 2009; Human Rights Council 2015). Dennoch ist die Rolle der UNO im Nahen Osten nicht bedeutungslos. Wie gezeigt nimmt sie wichtige Aufgaben wie die Betreuung von Flüchtlingen, die Überwachung von Waffenstillstandsabkommen und die Anprangerung von Völkerrechtsverletzungen wahr. Eine Vielzahl von Resolutionen verschafft dem nationalstaatlichen Streben der Palästinenser völkerrechtliche Legitimität. Um aber Beschlüsse der UNO real umzusetzen, müssen ihre durchsetzungsfähigen Mitglieder dies wollen.

5
Zusammenfassung und Perspektiven

5.1 Bilanz

Der Nahost-Konflikt ist bis heute ungelöst. Palästina, wo seit über hundert Jahren Juden und Araber bzw. Israelis und Palästinenser um Land und Herrschaft streiten, erlebte seit dem Altertum kriegerische Auseinandersetzungen, und eine wechselvolle Herrschaftsgeschichte prägte den Landstrich. Im Mittelalter breiteten sich von hier die beiden Nachfolgereligionen des Judentums, das Christentum und der Islam, nach Westen aus. In umgekehrter Richtung wurde Palästina zum Schauplatz kriegerischer Expeditionen europäischer Herrscher.

In Europa liegen auch die Wurzeln des Nahost-Konflikts in seiner modernen Bedeutung. Seine vorstaatliche Phase begann mit der jüdischen Einwanderung im späten 19. Jahrhundert. Unter dem Einfluss nationalstaatlichen Denkens entstand zwischen den aus Europa stammenden jüdischen Immigranten und der einheimischen arabisch/palästinensischen Bevölkerung ein Konflikt um den Besitz des an natürlichen Ressourcen armen, aber an Geschichte reichen Landes zwischen der östlichen Mittelmeerküste und dem Jordanfluss. Im Kontext der Neuordnung des Vorderen Orients im frühen 20. Jahrhundert wurde der Konflikt Gegenstand internationaler diplomatischer Aktivitäten.

Seit den 1920er Jahren führten die Auseinandersetzungen um Palästina mehrfach zu landesweiten gewaltsamen Zusammenstößen zwischen Juden und Arabern. Nach dem Zweiten Weltkrieg eskalierten sie zu einem kriegerischen Konflikt, der auch die arabischen Nachbarstaaten erfasste. Sie wurden zu Konfliktparteien, als sie auf Seiten der arabisch/palästinensischen Nationalbewegung eingriffen und gewaltsam versuchten, den jungen Staat Israel zu zerstören, den sie als illegitimes Implantat des Westens im arabischen Nahen Osten ansahen. Israel konnte sich behaupten und ist heute die militärische Supermacht der Region.

Die arabischen Staaten haben sich nach Jahren erbitterter Feindschaft schließlich mit der Existenz Israels abgefunden. Ägypten und Jordanien haben sogar Frieden mit Israel geschlossen und es diplomatisch anerkannt. Aber die Substanz des Konflikts um Palästina ist bis heute nicht abgetragen. Im Kern geht es um den Anspruch der Palästinenser auf nationale Selbstbestimmung in einem eigenen souveränen Staat auf arabisch/

palästinensischem Territorium, das Israel 1967 im Krieg eroberte, seither besetzt hält und mit einem Netz von Siedlungen und Siedlerstraßen überzog.

Nach dem Ende des Ost-West-Konflikts, in dem die Sowjetunion und die USA den Nahen Osten zu einem Schauplatz ihrer weltweiten Konkurrenz gemacht hatten und zu Schutzpatronen der arabischen Frontstaaten bzw. Israels geworden waren, traten die Konfliktparteien in Verhandlungen ein, um den Jahrhundertkonflikt zu beenden und das Ende des Konflikts mit einem förmlichen Friedensschluss zu besiegeln. Ein Vierteljahrhundert nach Beginn der Verhandlungen steht zwar ein Ende des Konflikts noch immer aus. Aber es wurden Teilergebnisse erzielt. Insbesondere erhielten die Palästinenser das zeitlich befristete Recht, sich in ihren Bevölkerungszentren selbst zu verwalten. Doch die Verwirklichung nationaler Selbstbestimmung in einem souveränen Staat Palästina und die Anerkennung als Mitgliedstaat der Vereinten Nationen blieben ihnen verwehrt.

Der Nahost-Konflikt hat die Staatengemeinschaft beschäftigt, seit er über lokale Auseinandersetzungen um Besitz und Nutzung von Land hinausging und sich zu einem Konflikt zwischen der jüdischen/zionistischen und der arabischen/palästinensischen Nationalbewegung entwickelte, in dem es sporadisch zu Gewaltausbrüchen kam. Nach dem Ersten Weltkrieg war es der Völkerbund, nach dem Zweiten Weltkrieg die UNO, die in den Konflikt mit dem Ziel eingriffen, ihn einzudämmen und beizulegen. Daneben halfen einzelne Staaten der einen oder anderen Seite mit Waffenlieferungen und

wirtschaftlicher Unterstützung, den Konflikt durchzu-
stehen, boten aber auch die Hand bei der diplomatischen
Bewältigung der Kriegsfolgen.

Seit die Konfliktparteien in direkte Verhandlungen
eingetreten sind, engagieren sich Nachbarn (vor allem
Ägypten), Großmächte (vor allem die USA), internationale Organisationen (vor allem die UNO) und die
zur Europäischen Union zusammengeschlossenen europäischen Staaten im Friedensprozess. Aber sie können
nicht anstelle der Konfliktparteien Frieden schließen.
Ob diese den Willen dazu aufbringen und die Kraft dazu
finden, hängt nicht nur von den Regierungen ab. Insbesondere dort, wo Regierungen sich regelmäßig dem
Votum der Wähler stellen, müssen die Menschen mehrheitlich davon überzeugt sein, dass es Lösungen für den
Konflikt gibt. Um tragfähig zu sein, müssen Lösungen
im langfristigen Interesse beider Seiten liegen. Denn es
hat sich gezeigt, dass keine Seite siegen kann. Als Alternative zum Sieg bleibt nur der Kompromiss. Aber noch
immer dominieren im Konfliktverhalten der Parteien
weithin die Regeln des Nullsummenspiels, wonach der
Verlust der einen Seite den Gewinn der anderen darstellt.
Das Scheitern von Verhandlungen, enttäuschte Hoffnungen, die Rückkehr der Gewalt und mitunter blan-
ker Hass sind schwere Hypotheken. Externe Akteure
können helfen, sie abzutragen, indem sie den kompro-
missbereiten Kräften auf beiden Seiten den Rücken stärken und den Konfliktparteien positive Anreize bieten, so
dass Kompromisse ihnen lohnender erscheinen als die
Fortsetzung des Konflikts.

Ob Kompromisslösungen sich als tragfähig erweisen,

lässt sich allerdings nicht mit Gewissheit prognostizieren. In die folgenden Friedenspläne und Zukunftsvisionen sind solche Vorstellungen von einer Lösung des Konflikts nicht aufgenommen, die sich nicht als Kompromiss bezeichnen lassen, sondern dem Prinzip „Alles oder Nichts" folgen und sich nur gewaltsam realisieren ließen: etwa ein jüdischer Staat Israel unter Ausschluss der Araber oder ein arabischer Staat Palästina unter Ausschluss der Juden auf dem ganzen Gebiet zwischen Mittelmeer und Jordan. Ob einer der im folgenden skizzierten Entwicklungspfade zu einer tragfähigen Lösung in dem Sinne führt, dass sie von den handlungsfähigen Akteuren auf beiden Seiten akzeptiert wird, muss bis auf Weiteres offen bleiben.

5.2   Zukunftsvisionen und Friedenspläne

5.2.1 Trennung und Annexion

Im Sommer 2005 räumte Israel den Gazastreifen und übergab die Verantwortung für ihn an die palästinensische Autonomiebehörde. Es behielt sich jedoch die Kontrolle über alle Landgrenzen, den Luftraum und die Küstengewässer sowie das Recht vor, in den geräumten Gebieten militärisch gegen Gewaltakteure vorzugehen, was denn auch seither in mehreren größeren Militäroperationen (vgl. Kap. 3.6) und zahlreichen weiteren geringeren Umfangs geschah.

Der Abzug aus dem Gazastreifen war das Ergebnis eines von Ministerpräsident Ariel Scharon entwickelten *Disengagement*-Plans. Im Dezember 2003 hatte er erstmalig öffentlich von der Notwendigkeit einer unilateralen, d. h. ohne Verhandlungen vorzunehmenden „Trennung" von den Palästinensern und der „Verlegung" von Siedlungen gesprochen, die in einem künftigen Abkommen mit den Palästinensern nicht dem israelischen Staatsgebiet zuzuschlagen wären. In seiner eigenen Partei, dem Likud, stieß Scharon damit allerdings auf so großen Widerstand, dass er nach dem erfolgten Abzug die von ihm einst mitbegründete Partei verließ und eine neue Partei mit Namen Kadima (= Vorwärts) gründete. Mit dem Programm der Trennung, als „Hitkansut" (= Sammlung, Konsolidierung) bezeichnet, gewann Kadima unter Scharons Nachfolger Ehud Olmert im März 2006 die israelischen Wahlen.

Der Bau der Sperranlage aber ging weiter, was unter den Palästinensern den Verdacht nährte, der Teilabzug sei dazu gedacht, den ungehemmten Ausbau von Siedlungen und die Gründung neuer Wohneinheiten in und um Ost-Jerusalem politisch abzusichern. Im Lichte dieser Vermutung lässt sich die „Trennung" als ein Schritt zur Realisierung eines Israels vom Mittelmeer zum Jordan an der Seite eines zerstückelten palästinensischen Gemeinwesens deuten. Erstmals hatte Israel unter Scharons Führung palästinensisches Territorium geräumt und die dortigen israelischen Siedlungen aufgelöst. Scharon hatte so demonstriert, dass der Staat Israel gegen innenpolitischen Widerstand in der Lage ist, Land an die Palästinenser zurückzugeben – ohne Blutvergießen, ohne Bürgerkrieg. Allerdings ist damit noch nichts Definitives über den Umfang weiterer Abzugsschritte ausgesagt. Anhaltspunkte bieten aber Kolonisierungspläne aus der Zeit, als Likud die Arbeitspartei als Regierungspartei ablöste. Scharon propagierte 1977 einen Plan unter dem Titel „Vision Israels am Ende des Jahrhunderts", in den die von ihm definierten „vitalen Interessen" Israels eingingen. Danach würde Israel Gebiete entlang der grünen Linie im Westen, das Jordan-Tal sowie mehrere Verbindungsstücke zwischen dem Jordan-Tal und der Grünen Linie im Osten annektieren. Hier initiierte er als Minister in verschiedenen Ressorts – Landwirtschaft, Industrie und Handel, Wohnungsbau, Auswärtiges, Infrastruktur – den Bau zahlreicher Siedlungen. Im Gegenzug, so der Plan, würde Israel die dicht bevölkerten palästinensischen Gebiete den Palästinensern überlassen. Sie würden auf diese Weise allerdings kein zusammenhängendes Staatsgebiet erhalten, sondern mehrere Enklaven, umgeben von israelischen Siedlungen, Siedlerstraßen und Militäreinrichtungen. 64 Prozent des Westjordanlandes würden unter Israels Kontrolle stehen.

Dreißig Jahre später bietet das Westjordanland ein Bild, das mit der Karte des Scharon-Plans von 1977 in weiten Teilen deckungsgleich ist. Die „vitalen Interessen" Israels im Plan Scharons werden durch die faktische Annexion des Landes westlich der Sperranlage (die sogenannte *Seam Zone*) und militärisches Sperrgebiet gesichert. Eine Vielzahl von Straßensperren lässt zahlreiche palästinensische Enklaven entstehen, deren Verbindung untereinander israelischer Militärkontrolle unterliegt. Zwar nicht rechtlich, aber doch *on the ground* hat sich mit der militärisch abgesicherten territorialen

Karten 9 und 10   Scharon-Plan 1977 und Westjordanland
2016

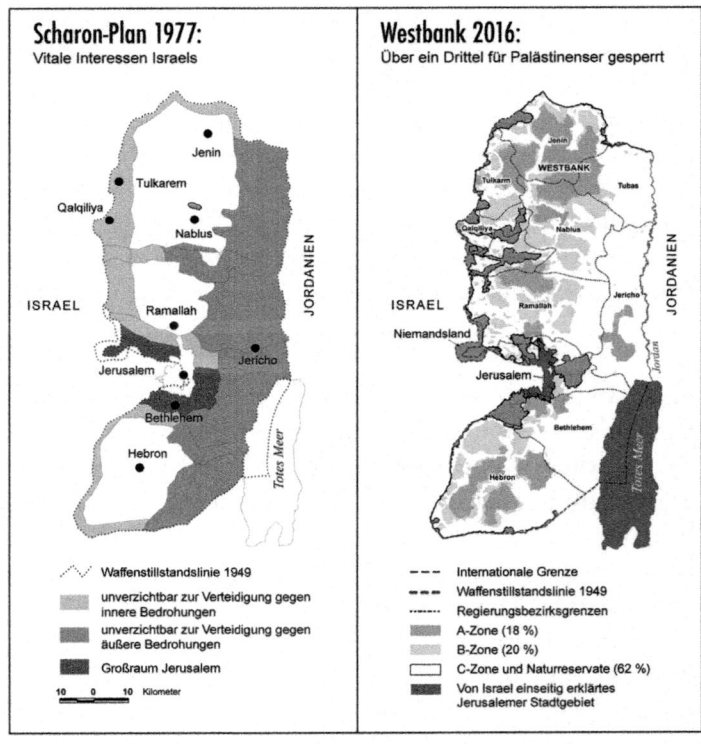

Quelle: Applied Research Institute Jerusalem, 2003 (Karte 9);
UN OCHA, 2016 (Karte 10)

und demografischen Expansion Israels im ehemals britischen Mandatsgebiet eine reale Einstaatlichkeit bei äußerst ungleich verteilten Rechten der israelischen bzw. palästinensischen Einwohner herausgebildet, die sich auch als jüdisch dominierte Ethnokratie bezeichnen lässt (Scheindlin/Waxman 2016: 85). Eine de jure-Annexion des Westjordanlandes in Verbindung mit einer expliziten Ablehnung palästinensischer Staatlichkeit findet vor allem im rechten politischen Spektrum Israels Zustimmung.

Ob Scharons Plan von 1977 bzw. die Karte des Westjordanlandes im Jahre 2016 eine Blaupause für die künftige Grenzziehung darstellt bzw. wie die israelische Regierung ihren Plan umsetzt, die Siedlungen im Westjordanland in mehreren großen Siedlungsblöcken zu konzentrieren und dementsprechend Israels Grenzen zu definieren, wird indes nicht allein im israelischen Kabinett entschieden. Israel wird international um die Anerkennung seiner neuen Grenzen werben. Insbesondere benötigt Israel das Plazet der USA. Dass die Palästinenser die Arrondierung des israelischen Territoriums einfach hinnehmen werden, ist nicht zu erwarten. Da das Vorhaben einer Trennung auch expansionistische Zwecke verfolgt, wird es den Frieden zwischen beiden Völkern wohl verfehlen.

5.2.2 Zwei-Staaten-Lösung

Bereits während der britischen Mandatszeit gab es Überlegungen, das Territorium zwischen Mittelmeer und Jordan zwischen den Konfliktparteien aufzuteilen. In der UN-Teilungsresolution von 1947 setzten sich diese Überlegungen durch, ihre Realisierung hingegen scheiterte (vgl. Kap. 2.2.5).

Das Konzept einer Konfliktbeilegung durch Zweistaatlichkeit aber hatte sich damit nicht erledigt. Vielmehr mündete der palästinensische Widerstand gegen die Resultate der arabischen Niederlagen 1948/49 und 1967 in den Kampf um nationale Selbstbestimmung in einem eigenen Staat (Flores 2009: 73 f.). Aus Sicht des politischen Zionismus sprach die demographische Entwicklung für Zweistaatlichkeit. Die jüdische Bevölkerung zwischen Jordan und Mittelmeer würde voraussichtlich früher oder später in die Minderzahl geraten. Damit verband sich ein politisches Dilemma, das aus dem Selbstbild Israels als demokratischer *und* jüdischer Staat resultiert: Auf Dauer wäre der demokratische Charakter Israels unvereinbar mit der Kontrolle einer Minderheit über eine Mehrheit. Wollte Israel dem abhelfen und den Palästinensern volle Bürgerrechte gewähren, würde es seinen Charakter als jüdischer Staat aufgeben (vgl. Kap. 5.2.3).

55 Jahre nach der Teilungsresolution fand die Vorstellung von Frieden durch Zweistaatlichkeit Eingang in Resolution 1397 des UN-Sicherheitsrats vom 12. März 2002. Zur gleichen Zeit eskalierte vor Ort der Gewaltkonflikt. Israel beantwortete eine Serie von Terroranschlägen palästinensischer Milizen mit der Operation „Defensive Shield" im Westjordanland (vgl. Kap. 4.2.2.3). Das Nahostquartett schließlich, zu dem sich die EU, die USA, die UNO und Russland im April 2002 zusammengefunden

hatten, setzte in seiner am 30. April 2003 veröffentlichten *Road Map* ausdrücklich auf Zweistaatlichkeit als Lösung des Konflikts (Road Map 2003).

Vor diesem Hintergrund von Gewalteskalation einerseits und Friedensrhetorik andererseits legte eine informelle Gruppe von israelischen und palästinensischen Politikern und Experten am 1. Dezember 2003 einen Plan vor, der als „Blaupause" einer Zwei-Staaten-Lösung für den Palästina-Konflikt dienen könnte. Der Plan wird nach dem Ort der Pressekonferenz, auf der er vorgestellt wurde, auch „Genfer Vereinbarung" genannt (Geneva Initiative 2016a). Er enthält die folgenden Grundsätze:

⇨ Die Grenzen zwischen Israel und Palästina basieren grundsätzlich auf dem Stand vom 4. Juni 1967, lassen aber Korrekturen zu.

⇨ Die israelischen Siedler außerhalb der staatlichen Grenzen sind nach Israel umzusiedeln.

⇨ Jerusalem wird Hauptstadt zweier Staaten, mit israelischer Souveränität in den Stadtvierteln, wo überwiegend Juden wohnen, und palästinensischer Souveränität in den Stadtvierteln, wo überwiegend Palästinenser wohnen. Die Freiheit der Religionsausübung ist garantiert.

⇨ Jeder palästinensische Flüchtling hat das Recht auf einen ständigen Wohnsitz im palästinensischen Staat; nimmt er es nicht in Anspruch, kann er zwischen einem Wohnsitz im derzeitigen Aufnahmestaat, in Israel oder in einem Drittstaat wählen.

⇨ Der palästinensische Staat besitzt nur Streitkräfte mit leichter Bewaffnung; eine multinationale Truppe ge-

währleistet seine territoriale Integrität; für Recht und
Ordnung sind palästinensische Sicherheitskräfte verantwortlich.

⇨ Eine international zusammengesetzte Implementie-
rungs- und Verifizierungsgruppe begleitet die Umsetzung des Abkommens und stellt Mechanismen zur
Streitbeilegung bereit.

Für drei besonders sensible Probleme – die Zukunft der
Siedlungen, den Status Jerusalems und die Rückkehr der
Flüchtlinge – sah er pragmatische Lösungen vor:

Die *Siedlungen* in und um Jerusalem und an der grünen Linie sowie ein etwa 22 Kilometer langer und fünf
Kilometer breiter Streifen östlich von Tel Aviv sollen unter israelische Souveränität fallen. Da die Wohnsiedlungen in Ost-Jerusalem erhalten bleiben, bedeutet das,
dass insgesamt drei Viertel aller israelischen Siedler in
ihren Wohnorten bleiben können. Der palästinensische
Staat würde 97 bis 98 Prozent des Westjordanlandes und
den gesamten Gazastreifen umfassen sowie als territorialen Ausgleich für die Gebietsabtretungen zwei kleinere
unbewohnte Streifen Land, die bisher unter israelischer
Souveränität stehen. Ein Korridor soll das Westjordanland und den Gazastreifen miteinander verbinden. Mit
diesem Zuschnitt verfügte ein künftiger Staat Palästina
über weitgehende territoriale Kontinuität, ein wesentliches Erfordernis seiner Lebens- und Entwicklungs-
fähigkeit.

Die israelischen und die palästinensischen Stadtvier-
tel in *Ost-Jerusalem* werden untereinander mit einem
Netz von Straßen verbunden. Jeder israelische oder pa-

Karte 11   Das Zweistaatenmodell der Genfer Initiative

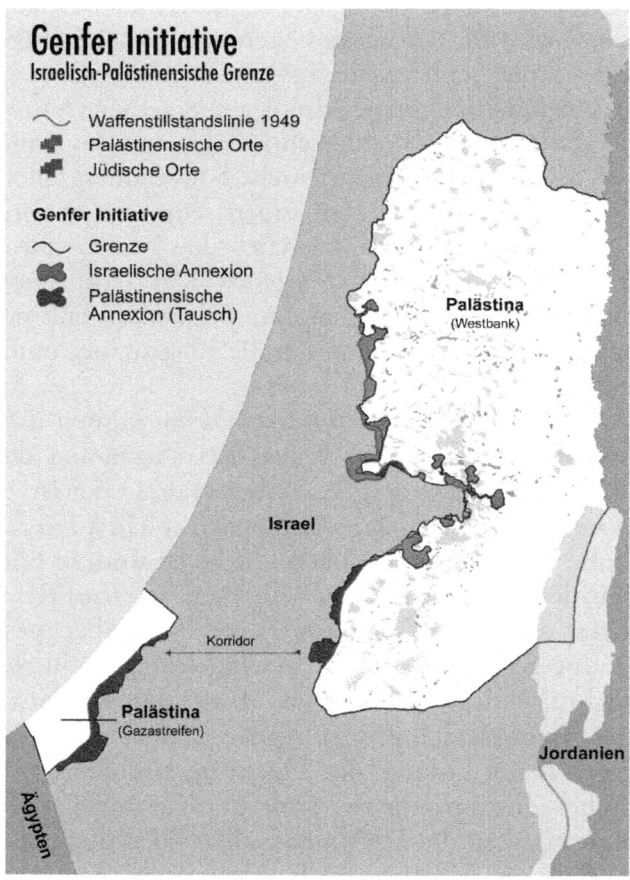

Quelle: Geneva Initiative.

lästinensische Bürger kann sich innerhalb des Territoriums seines Staates frei bewegen. Ein paritätisch besetzter Ausschuss wird für Angelegenheiten von gemeinsamem Interesse in der Stadt zuständig sein. Die Altstadt wird geteilt: das jüdische Viertel wird unter israelische Souveränität, das muslimische, das christliche und das armenische Viertel unter palästinensische Souveränität fallen. Die Grenze wird deutlich demarkiert sein, aber es wird keine physischen Barrieren zwischen den beiden souveränen Gebieten in der Altstadt geben. Der Tempelberg mit der Al-Aqsa-Moschee und dem Felsendom fällt unter palästinensische Souveränität, die Klagemauer unter israelische Souveränität.

Für die Lösung des *Flüchtlingsproblems* wurden drei Dokumente herangezogen: *Erstens* Resolution 194 der UN-Vollversammlung von Dezember 1949, in der Israel aufgefordert wurde, sobald wie möglich solchen Flüchtlingen die Rückkehr zu erlauben, die bereit sind, in Frieden mit dem israelischen Staat zu leben; *zweitens* Resolution 242 des UN-Sicherheitsrates von November 1967, in der eine gerechte Regelung des Flüchtlingsproblems angemahnt wird; *drittens* Artikel 2B der Friedensinitiative der Arabischen Liga von April 2002, in dem von einer gerechten Lösung des Flüchtlingsproblems mit israelischer Zustimmung die Rede ist. Nur auf den ersten Blick erhalten die palästinensischen Flüchtlinge das Recht, in die alte Heimat im heutigen Israel zurückzukehren. Denn die permanente Ansiedlung in Israel wie auch in anderen Aufnahmestaaten unterliegt deren souveräner Entscheidung. Damit trägt der Vorschlag der Sorge in Israel Rechnung, dass eine massenhafte Rückkehr der palästinensischen Flüchtlinge den jüdischen Charakter des Staates zerstören würde. Die Genfer Vereinbarung setzt auf internationales Engagement, mit dem die Lösung des Konflikts steht und fällt: Bei der Überwachung zur Umsetzung des Abkommens, der Streitschlichtung, der Aufnahme von Flüchtlingskontingenten und der Übernahme von Kosten für deren Ansiedlung und Entschädigung, der Überwachung des israelischen Truppenrückzugs, dem militärischen Schutz des palästinensischen Staates. Primär aber sind die eigenen Gesellschaften die Adressaten. Sie will die Genfer Initiative davon überzeugen, dass es auf der anderen Seite einen Partner für den Frieden und einen realistischen Weg gibt, den historischen Konflikt zu beenden.

Seit der Veröffentlichung des Vorschlags hat die Zustimmung zur Zweistaatenregelung in beiden Gesellschaften deutlich abgenommen. Nach einer gemeinsamen Umfrage des Palestinian Center for Policy and Survey Research (PCPSR) in Ramallah und des Israel Democracy Institute (IDI) in Jerusalem von Juni 2016 unterstützen nur noch 51 Prozent der befragten Palästinenser und 58,5 Prozent der befragten Israelis (bzw. 53 Prozent der jüdischen Israelis) das Zweistaatenmodell (PCPSR 2016a). Hier wie dort überwiegt Skepsis über die Erfolgsaussichten von Verhandlungen darüber. In Israel glaubten im Dezember 2016 nur noch 30 Prozent der Befragten, dass Verhandlungen in absehbarer Zeit zu Frieden führen würden – wobei hier die Meinungen der jüdischen und der arabischen Israelis stark differierten: 28 Prozent der befragten israelischen Juden, aber immerhin 32 Prozent der arabischen Israelis hielten Verhandlungen für aussichtsreich (Yaar/Hermann 2016b). Auf palästinensischer Seite glaubte im Dezember 2016 nur noch knapp ein Drittel der Befragten an die Realisierbarkeit eines Staates Palästina neben einem Staat Israel (PCPSR 2016b).

Umfragen sind zwar stets Momentaufnahmen. Gewalteskalation, diplomatische Initiativen, die Wiederaufnahme oder der Abbruch von Verhandlungen etc. finden immer auch einen Wiederhall im Urteil der Befragten und ihren Zukunftserwartungen. Gleichwohl ist die wachsende Skepsis auf beiden Seiten gegenüber einer Zweistaatenregelung nicht nur ein Stimmungsbarometer. Sie ist auch Ausdruck von Entwicklungen *on the ground,* die als schwer reversibel gelten. Varianten des Zweistaatlichkeitskonzepts sind konföderative Arrangements, wonach zwei weitgehend autonome Staaten sich das gesamte Territorium zwischen Jordan und Mittelmeer teilen, z. B. in Form einer politischen und wirtschaftlichen Union mit offenen Grenzen, in der Wohnsitz und Staatsangehörigkeit entkoppelt wären. Souveränität wäre nicht territorial definiert, sondern die jeweiligen Staatsbürger wären ihre Träger, unabhängig von ihrem Wohnort (LeVine/Mossberg 2014). In einem konföderativen Arrangement, für das etwa die Europäische Union und Belgien, oder auch Bosnien-Herzegowina und die Republik Srpska Pate stehen könnten (Scheindlin/Waxmann 2016: 90 f.), wäre prinzipiell zweierlei zu leisten: der realen Verschränkung der Lebenswirklichkeiten und zugleich den nationalen Identitäten ihrer Bürger und deren kollektiven Rechten Rechnung zu tragen. In diesem Rahmen ließen sich Regelungen für die Jerusalemfrage, die Flüchtlingsfrage und die Siedlungsfrage entwerfen: Jerusalem als offene und ungeteilte Hauptstadt Israels und Palästinas, die Rückkehr der Flüchtlinge ohne Aufgabe der jüdischen Identität Israels, der Verbleib der jüdischen Siedler in ihren seit 1967 neu entstandenen Wohnorten. Zusammenarbeit im Bereich der Sicherheit wäre von dem Verdacht befreit, lediglich das Funktionieren der Besatzung zu gewährleisten. Voraussetzung für die Realisierung solcher konföderativen Varianten von Zweistaatlichkeit wäre auf beiden Seiten der Verzicht auf eine hegemoniale Durchsetzung der jeweiligen national-religiös definierten Identitäten: Auf israelischer Seite der Verzicht des rechten Lagers auf die jüdisch dominierte Herrschaft über das palästinensische Volk, auf palästinensischer Seite ein erkennbares Abrücken von der Programmatik der Hamas, auf dem gesamten Land einen Staat Palästina ohne gleiche Rechte für dessen jüdische Bewohner zu etablieren.

5.2.3 Ein Staat für zwei Völker

Neben der heutigen von Israel dominierten einstaatlichen Realität und der international als alternativlos geltenden Zweistaatenlösung findet das Modell eines Zusammenlebens beider Völker in einem bi-nationalen Staat vor allem unter Intellektuellen Fürsprecher. Prominente Namen sind auf israelischer Seite Ilan Pappé oder Avraham Burg, auf palästinensischer Seite Edward Said oder vormals Sari Nusseibeh. Zwar gibt es laut Umfragen keine Mehrheiten für einen bi-nationalen Staat mit gleichen Rechten für Israelis wie Palästinenser als Alternative zu Annexion oder Teilung. Allerdings ist in Israel die Zahl der Befürworter seit 2008 deutlich gestiegen. Sie hat sich von neun Prozent im Juni 2008 auf 25 Prozent im Juni 2016 mehr als verdoppelt (Truman Institute 2016). Auch in der palästinensischen Bevölkerung stieg sie in diesem Zeitraum deutlich an: von 20 auf 34 Prozent (PCPSR 2016a). Umgekehrt ausgedrückt lehnen jeweils rund zwei Drittel der Bevölkerung einen gemeinsamen demokratischen Staat ab.

Die Gegnerschaft speist sich aus unterschiedlichen Motiven. Für die Palästinenser setzte eine Zustimmung den Abschied vom Streben nach nationaler Unabhängigkeit voraus, das seit Jahrzehnten den Kampf gegen die israelische Besatzung geprägt hat. Er hat seit Ende der ersten Intifada über 10 000 Palästinenser das Leben gekostet (B'Tselem 2016d) – in Anbetracht der Heroisierung des bewaffneten Widerstands und eines verbreiteten Märtyrerkults (Sterzing 2011: 35) stellt die Erinnerung an die Opfer auch eine Hypothek für die Umorientierung hin zu dem Ziel einer Verbesserung der Lebenssituation und rechtlicher Gleichstellung.

Die Vorbehalte auf Seiten Israels speisen sich aus der demographischen Entwicklung. Bevölkerungswissenschaftler weisen seit langem darauf hin, dass zwischen Jordan und Mittelmeer bei gleichbleibenden Geburtenraten die jüdische Bevölkerung in die Minderzahl geraten wird. Die gegenwärtigen demografischen Proportionen sind zwar umstritten, handelt es sich doch um politisch sensible Daten. Aber man kann für das Jahr 2015 von einer ungefähren Parität ausgehen. Was aus

Sicht des politischen Zionismus für eine Zweistaaten-regelung sprechen würde (vgl. Kap. 5.2.2), spricht gegen einen bi-nationalen Staat.

Eine deutliche Mehrheit der israelischen Bevölkerung will an Israel als einem jüdischen Staat festhalten. Andernfalls werde Israels Staatsziel hinfällig. In der Tat ist der israelische Staat als Heimat für die Juden in aller Welt konzipiert. In der Unabhängigkeitserklärung lautet die Formulierung hierfür „Sammlung der Juden im Exil". Nach dem israelischen „Rückkehrgesetz" hat jeder Jude das Recht, israelischer Staatsbürger zu werden, sobald er als Einwanderer den Boden „seines" Staates betritt. Seine Nationalität ist jüdisch, nicht israelisch. Neben der jüdischen Nation gibt es keine anerkannte Nation in Israel. Die arabischen Israelis gelten nicht als Angehörige einer anderen Nation, sondern als Minderheit mit anderer religiöser Zugehörigkeit als die Mehrheit (Smooha 1997: 221 ff.).

Hieran nehmen die Verfechter eines Staates für zwei Völker Anstoß. Sie plädieren für ein Israel, das sich als ein Staat für alle seine Bürger versteht. In der Logik dieser Denkweise liegt es, eine israelische Nationalität zu entwickeln bzw. anzuerkennen, unabhängig von Abstammung oder religiösem Bekenntnis. Wer sich gegen die Selbstdeutung Israels als ein Staat mit einer exklusiven jüdischen Nationalität wendet, der interpretiert den demographischen Trend in der Region nicht als Bedrohung.

Kommentierte Literaturhinweise

Asseburg, Muriel/Busse, Jan: Der Nahostkonflikt. Geschichte, Positionen, Perspektiven, München 2016 (Beck)
Im Lichte des bevorstehenden 50-jährigen Jubiläums der Besatzung zeichnen die Autoren in dieser knapp und konzentriert gehaltenen Einführung die Geschichte des Konflikts zwischen Israel und den Palästinensern nach, beschreiben die wichtigsten Streitpunkte, gehen den Gründen dafür nach, warum der Konflikt trotz internationaler Vermittlungsbemühungen fortdauert und präsentieren Optionen alternativer Lösungsansätze. Sie ziehen in ihrer Analyse der Gründe für die Lösungsresistenz die fehlende Kompromissbereitschaft der politischen Führungen sowie die veränderte regionale Dimension mit ein. Eine Zeittafel bietet einen knappen Überblick über die wichtigsten Ereignisse seit Beginn

der jüdischen Einwanderung 1882. Neben ausgewählten Sachbüchern bieten ergänzende Hinweise auf Romane, Biografien, Erinnerungen und Filme dem Leser vielfältige Möglichkeiten vertiefter Einblicke aus multiperspektivischer Sicht.

Avnery, Uri: Ein Leben für den Frieden. Klartexte über Israel und Palästina, Heidelberg 2003 (Palmyra)
Der 1923 in Deutschland geborene und als Zehnjähriger mit seinen Eltern nach Palästina ausgewanderte Veteran der israelischen Friedensbewegung, der sich selbst als „israelischen Patrioten" bezeichnet, legt hier auf 298 Seiten eine Sammlung von Texten über die israelisch-palästinensischen Beziehungen seit dem Durchbruch von „Oslo" vor, einschließlich dreier Kurzportraits von Rabin, Arafat und Scharon. Analytischer Scharfsinn und polemische Zuspitzung kennzeichnen die Texte, durch die sich wie ein roter Faden die Überzeugung des Autors zieht, dass Israel in den Palästinensern einen Partner für den Frieden habe und die Zweistaatenlösung die Grundlage einer Befriedung des Konflikts sei.

Keshet, Yehudit Kirstein: Checkpoint Watch. Zeugnisse israelischer Frauen aus dem besetzten Palästina, Hamburg 2007 (Nautilus).
Checkpoint Watch ist eine Bewegung israelischer Frauen, die sich die Beobachtung und Dokumentation israelischer Militärkontrollposten im besetzten Westjordanland zur Aufgabe gemacht hat. Die Autorin beschreibt Entstehung, Politik und Prozedur der Kontrollposten, an denen die Bewegungen der palästinensischen Bevöl-

kerung innerhalb ihres eigenen Landes und nach Israel
überwacht werden. Seit ihrer Entscheidung, sich an eine
Grenze zu begeben – die Grenze des israelischen Staates und auch eine Grenze des öffentlichen Bewusstseins
einer Gesellschaft – sind mehr als 500 Frauen hinzuge-
kommen. Keshet beschreibt die Szenen an den Kontrollposten und Mauern, die sich durch das palästinensische Land ziehen. Sie nennt diese Kontrollposten den
greifbaren Höhepunkt eines geschichtlichen Prozesses
der Enteignung, Unterdrückung und Entmachtung der
Palästinenser in ihrem eigenen Land. Doch sie erzählt
auch von den jungen, zumeist überforderten und ver-
wirrten Wehrpflichtigen, selbst gedemütigt durch die
unmögliche Lage, in die ihr eigenes Herrschaftssystem
sie gebracht hat. Die Erzählung vermittelt ein emotio-
nales, gleichwohl um Sachlichkeit bemühtes Bild der israelischen Politik an den Kontrollposten, aber vor allem
ein Bild der Menschen, Gefühle und Realitäten, die sich
dort begegnen.

Nusseibeh, Sari (mit David, Anthony): Es war einmal ein
Land. Leben in Palästina, München 2008 (Kunstmann)
Der Präsident der palästinensischen Al-Quds Universität,
vormals PLO-Diplomat aus Jerusalem, hat mit 59 Jahren
seine Memoiren geschrieben. Er erzählt von seiner Familie, die seit dem Mittelalter in der Heiligen Stadt lebt,
und entwirft mit Wärme und Humor das Bild eines Lebens in einem „zerrissenen, geschundenen Land". Aber
die Geschichte seines widerständigen Lebens ist weit
mehr als eine Erzählung; sie ist gespickt mit klugen Ana-
lysen und tiefen Einsichten. Ein Beispiel, mit dem sich

der polyglotte Querdenker und Aktivist der ersten Intifada bei vielen Palästinensern den Vorwurf des Verrats zugezogen hat, ist die palästinensische Forderung nach einer Rückkehr der 1948 aus ihrer Heimat vertriebenen Palästinenser. Er hält sie für rückwärtsgewandt und unvereinbar mit der Zweistaatenlösung. Die Palästinenser müssten ihren Traum von der Rückkehr und die Israelis den von Groß-Israel aufgeben. Voraussetzung dafür sei allerdings eine Einsicht aus Vernunft, die Nusseibeh nicht müde wird zu wiederholen: Dass Palästinenser und Israelis auf diesem heiligen, blutigen Stück Land miteinander auskommen müssen.

Niehoff, Mirko (Hg.): Nahostkonflikt kontrovers: Perspektiven für die politische Bildung, Schwalbach i. T., 2016 (Wochenschau)
Der Herausgeber versammelt in diesem Band Beiträge von zehn Autorinnen und Autoren, die den Blick prominenter israelischer und palästinensischer Politiker und dem analytischen Zugriff arabischer und jüdischer Wissenschaftler unter die Lupe nehmen. Das so entstehende Ensemble wird ergänzt durch Beiträge von sechs Nahostexpert/-innen, die sich einem Katalog von zehn Fragen des Herausgebers stellen. Auf diese Weise entsteht ein multiperspektivisches Panorama von Deutungen des Nahostkonflikts, in dem Einstellungen und Motivationen, Empathie und Kritik dem Leser die Vielfalt der Aspekte und Konfliktdimensionen wie auch der kontroversen Deutungen des Konflikts nahebringen. Zur Sprache kommen Annahmen über die Dynamiken des Konflikts, Interessenlagen der Akteure, Verantwortlichkei-

ten und die Verknüpfung von Politik und Erinnerung. Angesprochen sind in erster Linie Akteurinnen und Akteure der politischen Bildung in Deutschland, die dazu herausgefordert sind, sich mit den Positionierungen zu diesem mit der deutschen Geschichte auf komplizierte Weise verknüpften Konflikt auseinanderzusetzen.

Zimmermann, Moshe: Die Angst vor dem Frieden. Das israelische Dilemma, Berlin 2010 (Aufbau)
Denkt man konstruktiv, bietet sich die Zwei-Staaten-Lösung zur Auflösung des Nahost-Problems als die beste aller Möglichkeiten an, schreibt der israelische Historiker, der als Professor für Neuere Geschichte an der Hebräischen Universität Jerusalem lehrt. Warum aber rückt diese naheliegende Lösung in immer weitere Ferne? Zimmermanns zentrale These lautet, es sei die Angst vor dem Frieden, die unter Israelis größer sei als die Angst vor dem Krieg. In der gerade einmal 152 Seiten umfassenden Abhandlung entfaltet der Autor diese auf den ersten Blick paradox anmutende These auf fesselnde Weise. Zimmermann zeigt, dass Geschichte, Geschichtsverständnis, Traumata, Nationalismus, Religion, Vorurteile und Fanatismus die Angst vor dem Frieden erklären können – und dass dies nicht einfach „geschieht". Vielmehr schüren die Protagonisten der in den 15 Jahren seit Rabins Ermordung erstarkten israelischen Rechten, die prinzipiell gegen jeden Verzicht auf besetztes palästinensisches Land sind, aus zynischem Eigeninteresse die Angst vor dem Frieden und halten das Land in Schach. Die Analyse macht nicht Mut. Aber das ist vermutlich auch nicht die Absicht des Autors; er rechnet als Israeli

mit dem Beitrag Israels zum Misslingen des Friedensprozesses ab und die Abrechnung ist bei aller Bitterkeit doch informativ und facettenreich.

Literatur

Al-Quds University 2016: The Fight for Survival and Current Reality, http://tinyurl.com/j3db7gm.

Al Monitor 2016: Jordanians fuming over gas deal with Israel, http://tinyurl.com/j4svxab.

Amar-Dahl, Tamar 2012: Das zionistische Israel: jüdischer Nationalismus und die Geschichte des Nahostkonflikts, Paderborn.

Angenendt, Steffen/Popp, Sylvia 2012: Jugendarbeitslosigkeit in nordafrikanischen Ländern, SWP Aktuell 34, Berlin, Juni.

Asseburg, Muriel 2002: Blockierte Selbstbestimmung: Palästinensische Staats- und Nationenbildung während der Interimsperiode, Baden-Baden.

Asseburg, Muriel 2003: Die EU und der Friedensprozess im Nahen Osten, SWP-Studie S 28 (mit Anlageband: Materialsammlung zum Friedensprozess im Nahen Osten), Berlin, Juli.

Asseburg, Muriel 2005: Nach dem israelischen Teilabzug. Perspektiven und Herausforderungen, SWP-Studie S 19, Berlin, August.

Asseburg, Muriel 2009: Der israelisch-arabische Konflikt, in: Guido Steinberg (Hrsg.): Deutsche Nah-, Mittelost- und Nordafrikapolitik. Interessen, Strategien, Handlungsoptionen, SWP-Studie S 15, Berlin, Mai, S. 24–32.

Asseburg, Muriel 2010: Die Gaza-Blockade überwinden – aber wie? SWP-Aktuell 51, Berlin, Juni.

Asseburg, Muriel/Busse, Jan 2016a: Gefangen im Paradox. Der Arabische Frühling verfestigt das Wagenburgdenken des Landes, in: Das Parlament Nr. 14-15, 4. April, http://tinyurl.com/jx9rmxe.

Asseburg, Muriel/Busse, Jan 2016b: Der Nahostkonflikt. Geschichte, Positionen, Perspektiven, München.

Asseburg, Muriel/Roll, Stefan 2011: Ägyptens Stunde Null? SWP-Aktuell 10, Berlin, Februar.

Asseburg, Muriel/Wimmen, Heiko 2015: Die bittere Ernte des Arabischen Frühlings, SWP-Studie S22, Berlin, Dezember.

Association for Civil Rights in Israel 2015, http://tinyurl.com/j39tjhr.

Auswärtiges Amt 2009: Israel. Beziehungen zu Deutschland, November, http://www.auswaertiges-amt.de/diplo/de/Laenderinformationen/Israel/Bilateral.html#t6.

Bank, André/Valbjorn, Morten 2010: Bringing the Arab Regional Level Back in … – Jordan in the New Arab Cold War, in: Middle East Critique, Jg. 19, Nr. 3 (Fall), S. 303–319.

Bank, André/Richter, Thomas/Sunik, Anna 2014: Durable, Yet Different: Monarchies in the Arab Spring, in: Journal of Arabian Studies, Jg. 4, Nr. 2, S. 163–179.

Bank, André/Schmelter, Susanne 2016: Auf Dauer in der Schwebe? Syrische Flüchtlinge in der Türkei und im Libanon, in: Johannsen, Margret/Schoch, Bruno/Mutschler, Max/Hauswedell, Corinna/Hippler, Jochen (Hg.): Friedensgutachten 2016, Berlin, S. 101–113.

Bank, André 2016: Syrische Flüchtlinge in Jordanien: Zwischen Schutz und Marginalisierung, GIGA Focus Nahost, Nr. 3, August.

Baumgart, Claudia 2005: Israel vor der Zerreißprobe? Die Siedler und der geplante Abzug aus Gaza, in: Ratsch, Ulrich/Mutz, Reinhard/Schoch, Bruno/Hauswedell, Corinna/Weller, Christoph (Hg.): Friedensgutachten 2005, Münster, S. 53–59.

Baumgart, Claudia 2006: Religiöser Zionismus und der israelisch-palästinensische Konflikt, in: Fröhlich, Christiane/Rother, Tanja (Hg.): Zum Verhältnis von Religion und Politik im Nahostkonflikt, Heidelberg, S. 137–158.

Baumgarten, Helga 1991: Palästina: Befreiung in den Staat. Die palästinensische Nationalbewegung seit 1948, Frankfurt am Main.

Baumgarten, Helga 2002: Arafat. Zwischen Kampf und Diplomatie, München.

Baumgarten, Helga 2006: Hamas. Der politische Islam in Palästina, Kreuzlingen/München.

Baumgart-Ochse, Claudia 2008: Demokratie und Gewalt im Heiligen Land. Politisierte Religion in Israel und das Scheitern des Osloer Friedensprozesses, Baden-Baden.

Baumgart-Ochse, Claudia 2010: Die politisierte Religion der jüdischen Siedler, in: Ansorge, Dirk (Hg.): Der Nahost-Konflikt. Politische, religiöse und theologische Dimensionen, Stuttgart, S. 29–39.

Baumgart-Ochse, Claudia 2013: Protestbewegung nahe der Macht. Der Erfolg der jüdischen Siedlerbewegung in Israel, in: Schwarz-Boenneke (Hg.): Israel im Auge des Sturms, Freiburg et al., S. 35–49.

Baumgart-Ochse, Claudia 2014: Opposed or Intertwined? Religious and Secular Conceoptions of National identity in Israel and the Israeli-Palestinian Conflict, in: Politics, Religion, Ideology, Jg. 2014, Nr. 3, S. 401–420.

BDS-Kampagne 2016: http://tinyurl.com/jzeu84u.

Beck, Martin 2002: Friedensprozess im Nahen Osten. Rationalität, Kooperation und politische Rente im Vorderen Orient, Wiesbaden.

Beck, Martin 2003: Aussicht auf Frieden in Nahost? Fahrplan und Genfer Abkommen im Lichte konflikttheoretischer Überlegungen, in: S+F. Vierteljahresschrift für Sicherheit und Frieden, Jg. 21, Nr. 3-4, S. 115–120.

Beck, Martin 2005: Von der Spannung über die Krise zur Gemeinsamkeit? Zu den außenpolitischen Ansätzen und Perspektiven der USA und der EU gegenüber dem Nahen Osten, in: Ehrhart, Hans-Georg/Johannsen, Margret (Hg.): Herausforderung Mittelost: Übernimmt sich der Westen?, Baden-Baden, S. 184–179.

Beck, Martin 2016: Flüchtlingskrise? Über die flexible Verarbeitung des syrischen Flüchtlingszuzuges im Libanon, GIGA Focus Nahost, Nr. 6, Dezember.

Blau 2015: Does Your Jewish Charity Donate to the Settlements?, in: Haaretz, 8. Dezember, http://tinyurl.com/jelth9o.

Botschaft des Staates Israel (Hg.) 1993: Die Vereinbarungen zwischen Israel und der PLO, September 1993, Bonn.

B'Tselem 2009: 27 December 2009: One year since Operation Cast Lead, still no accountability, http://tinyurl.com/y9cn5db.

B'Tselem 2010: By Hook and by Crook. Israeli Policy in the West Bank, http://tinyurl.com/jv39ngm, S. 9–10.

B'Tselem 2014: The West Bank, http://tinyurl.com/onsgh5x.

B'Tselem 2016a: The Separation Barrier. Statistics, http://tinyurl.com/65ahmnu.

B'Tselem 2016b: Area C, http://tinyurl.com/jb8fd4l.

B'Tselem 2016c: Razed to the ground: Israel steps up demolition of Palestinian homes in Area C, Juli, http://tinyurl.com/zoowweb.

B'Tselem 2016d: Fatalities, http://tinyurl.com/6fybup9.

Brenner, Michael 2015: Eine gespaltene Gesellschaft. Zur Rolle der Religion in Israel, BertelsmannStiftung.

Central Bureau of Statistics 2016: Population and Demography, http://tinyurl.com/gmxob8a.

Central Intelligence Agency 2008: The 2008 World Factbook, http://tinyurl.com/342yg2.

Chiodelli, Francesco 2013: Re-Shaping Jerusalem: The transformation of Jerusalem's metropolitan area by the Israeli barrier, in: Cities, Jg. 31, April, S. 417–424.

Cohen, Avner 1998: Israel and the Bomb, New York.

Cordesman, Anthony H./Nerguizian, Aram 2010: The Arab-Israeli Military Balance. Conventional Realities and Asymmetric Challenges, Center for Strategic and International Studies, Washington, 6. Juni http://tinyurl.com/8ltg5wa.

Council of the European Union 2008: Council Conclusions. Strengthening of the European Union's bilateral relations with its Mediterranean Partners, Brüssel, 8./9. Dezember, http://tinyurl.com/hpe6olg.

Craissati, Dina 1997: Neue Soziale Bewegungen in Palästina: Zivilgesellschaft und Demokratie, in: Johannsen, Margret/Schmid, Claudia (Hg.): Wege aus dem Labyrinth? Friedenssuche in Nahost, Baden-Baden, S. 122–145.

Deutsche Botschaft Tel Aviv 2016a: Entschädigung für nationalsozialistisches Unrecht, http://tinyurl.com/jqko9ur.

Deutsche Botschaft Tel Aviv 2016b: Europa – wichtigster Handelspartner Israels, http://tinyurl.com/h3d52jx.

Diner, Dan 1991: Der Krieg der Erinnerungen und die Ordnung der Welt, Berlin.

EEAS 2016: Report of the Middle East Qartett, Brüssel, 1. Juli, http://tinyurl.com/he2h26y.

Elon, Amos 2002: Israelis and Palestinians: What Went Wrong?, in: The New York Review of Books 49, Nr. 20, 19. Dezember, S. 81–88.

Etzioni, Amitai 1962: The Hard Way to Peace. A New Strategy, New York.

European Commission 2014: Evaluation of the European Union's Cooperation with the occupied Palestinian territory and support to the Palestinian people. Final Report, Vol. 1, Juli, http://tinyurl.com/zcdhxvx.

European Commission 2015: EU Crude Oil Imports and Supply Costs, Dezember, http://tinyurl.com/znsekrp.

EWASH 2016: Water and Sanitation in Palestine, http://tinyurl.com/janl5wd.

Friedrich-Ebert-Stiftung East Jerusalem 2016: Friday's Fact: Nablus and the Authority's Authority, 26. August.

Flores, Alexander 2009: Der Palästinakonflikt, Freiburg i. B.

Fröhlich, Christiane 2010: Der israelisch-palästinensische Wasserkonflikt. Diskursanalytische Betrachtungen, Wiesbaden.

Fromkin, David 2001: A Peace to End All Peace. The Fall of the Ottoman Empire and the Creation of the Modern Middle East, New York.

Geneva Initiative 2016a: The Geneva Accord, http://tinyurl.com/jcc24wa.

Geneva Initiative 2016b: Israeli-Palestine Permanent Borders, http://tinyurl.com/23k6j78.

Glasneck, Johannes/Timm, Angelika 1994: Israel. Die Geschichte des Staates seit seiner Gründung, 2. Auflage, Bonn.

Golov/Alterman (Hg.) 2015: The nuclear agreement with Iran. Reflections and Forecasts, INSS, Tel Aviv.

Human Rights Council 2009: Human Rights in Palestine and Other Occupied Arab Territories. Report of the United Nations Fact Finding Mission on the Gaza Conflict, 25. September, http://tinyurl.com/yjwzd3z.

Human Rights Council 2015: Report of the Independent Commission of Inquiry on the 2014 Gaza Conflict – A/HRC/29/52, 24. Juni, http://tinyurl.com/ohzslku.

Gunning, Jeroen 2007: Hamas in Politics. Democracy, Religion, Violence, London.

Haass, Richard 1997: The United States, Europe, and the Middle East Process, in: Blackwill, Robert D./Stürmer, Michael (Hg.): Allies Divided, Cambridge, MA, S. 61–77.

Hanauer, Larry 2016: Israel's Interests and Options in Syria, Santa Monica, CA: RAND Corporation, http://tinyurl.com/govn37b.

Harik, Judith Palmer/Johannsen, Margret 2012: Hezbollah and Hamas. Islamic insurgents with nationalist causes, in: Rich, Paul B./Duyvesteyn, Isabelle (Hg.): The Routledge Handbook of Insurgency and Counterinsurgency, S. 183–197.

Heller, Regina 2016: Russlands Machtpolitik in Syrien – (K)eine Frage der Kosten, in: Johannsen, Margret/Schoch, Bruno/Mutschler, Max M./Hauswedell, Corinna/Hippler, Jochen (Hg.): Friedensgutachten 2016, Berlin, S. 232–245.

Hensell, Stephan/Kahl, Martin 2016: Ohne Weitsicht: Der Krieg gegen den „Islamischen Staat", in: Johannsen, Margret/Schoch, Bruno/Mutschler, Max M./Hauswedell, Corinna/Hippler, Jochen (Hg.): Friedensgutachten 2016, Berlin, S. 207–219.

Hollstein, Walter 1984: Kein Frieden um Israel. Zur Sozialgeschichte des Palästina-Konflikts, Wien.

Hroub, Khaled 2000: Hamas. Political Thought and Practice, Washington, D. C.

Human Rights Watch 2006: Israel's Indiscriminate Attack Against Civilians in Lebanon, August, http://tinyurl.com/93hyxz.

International Court of Justice 2004: Legal Consequences of the Construction of a Wall in the Occupied Palestinian Territory, 9. Juli, http://tinyurl.com/3xryx.

International Crisis Group 2002: The Meanings of Palestinian Reform, Middle East Briefing, Amman/Washington, 12. November.

International Crisis Group 2005: Lebanon. Managing the Gathering Storm, Middle East Report Nr. 48, Amman/Washington, 5. Dezember.

International Crisis Group 2008: Lebanon. Hizbollah's Weapons Turn Inward, Crisis Group Middle East Briefing Nr. 23, Amman/Washington, 15. Mai.

ILO 2016: The situation of workers of the occupied Arab territories, Genf.

Intelligence and Terrorism Information Center at the Israel Intelligence Heritage & Commemoration Center (IICC) 2009: Summary of rocket fire and mortar shelling in 2008, 1. Januar, http://tinyurl.com/9wob3y.

International Middle East Media Center 2015: Israeli Settlements in the West Bank, 11. Mai, http://tinyurl.com/hx87rxw.

International Monetary Fund 2016: West Bank and Gaza. Report to the Ad Hoc Liaison Committee, 5. April, http://tinyurl.com/hanodqa.

Israel Ministry of Foreign Affairs 2009: Address by PM Benyamin Netanyahu at Bar-Ilan-University, http://tinyurl.com/ku87xrc.

Israel Ministry of Foreign Affairs 2016: Rocket fire from Gaza and ceasefire violations after Operation Cast Lead (Jan 2009), http://tinyurl.com/omsoalx.

Israeli Security Agency 2016: http://tinyurl.com/chhltye.

Johannsen 2004: Das Exempel Jassin oder Wie Ariel Scharon Recht behält, in: Blätter für deutsche und internationale Politik, Nr. 5, S. 605–613.

Johannsen, Margret 2006: Israel im Konflikt. Zur Friedensfähigkeit einer tief gespaltenen Gesellschaft, Hamburger Beiträge zur Friedensforschung und Sicherheitspolitik, Heft 142,
Februar.

Johannsen, Margret 2014: Squeezed between Conflicting Agendas: The EU's Support to Police Reform in the Palestinian
Territories, in: Brzoska, Michael (Hg.): European Peace and
Security Policy: Transnational Risks of Violence, Baden-Baden, S. 219–239.

Kaim, Markus 2003: „Ready to Assist, Not Insist". Die Nahostpolitik der Bush-Administration, in: Kremp, Werner/Wilzewski, Jürgen (Hg.): Weltmacht vor neuer Bedrohung. Die
Bush-Administration und die US-Außenpolitik nach dem
Angriff auf Amerika, Trier, S. 326–354.

Khalidi, Rashid 2001: The Palestinians and 1948. The Underlying Causes of Failure, in: Rogan, Eugene L./Shlaim, Avi
(Hg.): The War for Palestine. Rewriting the History of 1948,
Cambridge/New York/Madrid, S. 12–36.

Kirchner, Magdalena 2016: Why States Rebel. Understanding
State Sponsorship of Terrorism, Opladen.

Kleib, Sami 2016: On Hezbollah in Syria and Lebanon, in: As-
Safir, 16.11.2016, http://tinyurl.com/haka3hq.

Kleinwächter, Lutz/Krämer, Raimund 2011: Der Aufstand des
Jahres 1432. Aktuelle Umbrüche im Nahen Osten und die
Weltpolitik, in: WeltTrends 77, März/April, S. 7–16.

Krämer, Gudrun 2002 : Geschichte Palästinas. Von der osmanischen Eroberung bis zur Gründung des Staates Israel, München.

Krell, Gert 2004: Die USA, Israel und der Nahost-Konflikt,
HSFK-Report 14, Frankfurt am Main.

Krieger, Helmut 2013: Investitionen in den Konflikt. Die politische Ökonomie palästinensischer Staatsformierung, Wien.

Lazarou, Elena/Gianniou, Maria/Tsourapas, Gerasimos 2013: The Limits of Norm Promotion: The EU in Egypt and Israel/Palestine, in: Insight Turkey, Jg. 15, Nr. 2, S. 171–193.

LeVine, Mark/Mossberg, Mathias 2014: One Land, Two States. Israel and Palestine as Parallel States, Berkeley/Los Angeles/London.

Libiszewski, Stephan 1997: Wasserkonflikte im Jordanbecken. Auf dem Weg zu einer Lösung im Rahmen des arabisch-israelischen Friedensprozesses?, in: Barandat, Jörg (Hg.): Wasser – Konfrontation oder Kooperation. Ökologische Aspekte von Sicherheit am Beispiel eines weltweit begehrten Rohstoffes, Baden-Baden, S. 95–133.

Lintl, Peter 2016: Dynamiken einer Rechtskoalition, SWP-Aktuell 2016/A 60, Berlin, September.

Lustick, Ian 1988: For the Land of the Lord: Jewish Fundamentalism in Israel, New York.

Luttwak, Edward N. 1999: Give War a Chance, in: Foreign Affairs Juli/August, Jg. 78, Nr. 4, S. 36–44.

Makovsky, David 1996: Making Peace with the PLO: The Rabin Government's Road to the „Oslo" Accord, Boulder, CO.

Meyer, Berthold 2001: Aus der Traum? Das Scheitern des Nahost-Friedensprozesses und seine innenpolitischen Hintergründe, HSFK-Report 2/2001, Frankfurt am Main.

Middle East Quartett 2003: A Performance-Based Road Map to a Permanent Two-State Solution to the Israeli-Palestinian Conflict, http://tinyurl.com/zswqccr.

Middle East Quartet 2016: Report, 1. Juli, http://tinyurl.com/he2h26y.

Moratinos, Migue 2001: From Moratinos' Non-Paper, Taba, Januar, http://tinyurl.com/zy6rlzx.

Noe, Nicholas 2012: Hezbollah's subtle shift on Syria, http://tinyurl.com/j5v3yww.

Noe, Nicholas 2014: The Islamic State effect: Lebanon's new security symbiosis, European Council on Foreign Relations, http://tinyurl.com/z6ftn7p.

Noth, Martin 1976[8]: Geschichte Israels, Göttingen.

OCHA oPt 2014: 10 Years since the International Court of Justice (ICJ) Advisory Opinion, http://tinyurl.com/z5u29ut.

Ofteringer, Ronald 1997: Palästinensische Flüchtlinge, Friedensprozess und internationale Flüchtlingspolitik, in: Ofteringer, Ronald (Hg.): Palästinensische Flüchtlinge und der Friedensprozess. Palästinenser im Libanon, Berlin, S. 69–91.

Othman, Mohammed 2016a: Is rapprochement underway between Palestinian rivals Dahlan, Hamas?, Al Monitor Palestine Pulse, 30. Oktober, http://tinyurl.com/hykg638.

Othman, Mohammed 2016b: Egyptians, Gazans move to strengthen Economic Ties, Al Monitor Palestine Pulse, 30. November, http://tinyurl.com/hsul9ty.

Pappé, Ilan 2007: The Ethnic Cleansing of Palestine, Oxford.

PCPSR 2016a: Palestinian Israeli Pulse, 22. August, http://tinyurl.com/jmvoq2v.

PCPSR 2016b: Index PSR Polls, http://tinyurl.com/hv7uf6h.

Peres, Shimon 1993: Die Versöhnung. Der neue Nahe Osten, Berlin.

Perthes, Volker 2002: Geheime Gärten. Die neue arabische Welt, Berlin.

Perthes, Volker 2006: Zwangsheirat oder Scheidung: Zu Logiken und Realitäten im israelisch-palästinensischen Verhältnis, in: Politische Vierteljahresschrift 47, S. 1–11.

Perthes, Volker 2016: Das Ende des Nahen Ostens, wie wir ihn kennen, Bonn.

PNGO 2016: Patriots to End the Split and Restore the National Unity, http://tinyurl.com/jn5g363, August.

Qualmann, Maren 2002: Die israelische Friedensbewegung und die Al Aqsa-Intifada, in: Schoch, Bruno/Hauswedell, Corinna/Weller, Christoph/Ratsch, Ulrich/Mutz, Reinhard (Hg.): Friedensgutachten 2002, Münster, S. 226–234.

Quandt, William 2001: Peace Process. American Diplomacy and the Arab-Israeli Conflict Since 1967, Washington/Berkeley.

Rabinowitz, Dan/Ghanem, As'ad/Yiftachel, Oren 2003: Ratschläge für die Regierungspolitik gegenüber der arabischen Bevölkerung in Israel, in: Klein, Uta (Hg.): Die Anderen im Innern. Die arabisch-palästinensische Bevölkerung in Israel, Schwalbach/Ts., S. 60–108.

Raz-Krakotzkin, Amnon 2000: Historisches Bewusstsein und historische Verantwortung, in: Schäfer, Barbara (Hg.): Historikerstreit in Israel. Die „neuen" Historiker zwischen Wissenschaft und Öffentlichkeit, Frankfurt a. M., S. 151–207.

Roll, Stephan 2016: Ägyptens Außenpolitik nach dem Putsch, SWP-Studie S 16, Berlin, August.

Rosiny, Stephan 2010: „Märtyrer" der Hizb Allah – eine Chronologie und Typologie ihrer Erscheinungsformen, in: Ansorge, Dirk (Hg.): Der Nahost-Konflikt. Politische, religiöse und theologische Dimensionen, Stuttgart, S. 213–241.

Rosiny, Stephan 2012a: Vom radikalen Milieu in die Mitte der Gesellschaft. Die Dynamik der Hizb Allah im Libanon, in: Malthaner, Stefan/Waldmann, Peter (Hg.): Radikale Mileus. Das soziale Umfeld terroristischer Gruppen, Frankfurt/New York, S. 167–185.

Rosiny, Stephan 2012b: Konflikt und Machtteilung in fragmentierten Gesellschaften: Syrien, Bahrein, Libanon und Irak im Vergleich, in: Schoch, Bruno/Hauswedell, Corinna/Kursawe, Janet/Johannsen, Margret (Hg.): Friedensgutachten 2012, Berlin, S. 249–262.

Sayigh, Yezid 2011: Policing the People, Building the State. Authoritarian Transformation in the West Bank and Gaza, Carnegie Endowment for International Peace, Washington, D. C.

Scheindlin, Dahlia/Waxman, Dov 2016: Confederalism: A Third Way for Israel-Palestine, in: The Washington Quarterly, Spring, S. 83–94.

Schmid, Claudia 1993: Der Israel-Palästina-Konflikt und die Bedeutung des Vorderen Orients als sicherheitspolitische Region nach dem Ost-West-Konflikt, Baden-Baden.

Schmid, Claudia 1997: Frieden auf Raten? Der Verhandlungsfrieden in Nahost, in: Johannsen, Margret/Schmid, Claudia (Hg.): Wege aus dem Labyrinth? Friedenssuche in Nahost, Baden-Baden, S. 12–42.

Segev, Tom 2001: One Palestine, Complete. Jews and Arabs Under the British Mandate, New York.

Selby, Jan 2013: Cooperation, Domination and Colonisation: The Israeli-Palestinian Joint Water Committee, in: Water Alternatives, Jg. 6, Nr. 1, S. 1–24.

Sharoni, Simona 1995: Gender and the Israeli-Palestinian Conflict, New York.

Shikaki, Khalil 2016: Changing the Status Quo: What directions for Palestinians?, Mai, http://tinyurl.com/hf5nqkh.

Shlaim, Avi 2001: The Iron Wall. Israel and the Arab World, London.

Shlaim, Avi 2007: Lion of Jordan. The Life of King Hussein in War and Peace, London.

Smooha, Sammy 1997: Ethnic Democracy: Israel as an Archetype, in: Israel Studies, Jg. 2, Nr. 2, S. 198–241.

Sterzing, Christian 2011: Heinrich Böll Stiftung und Christian Sterzing (Hg.): Palästina und die Palästinenser, Juli, http://tinyurl.com/hfhfwcf.

Swisher, Clayton E. 2004: The Truth about Camp David, New York.

The New Arab 2016: Egypt ‚working on reconciliation deal' with Muslim Brotherhood, 23. November, http://tinyurl.com/hj64wvq.

Truman Institute 2016: Polls Archive, http://tinyurl.com/jhfm5cr.

United Nations 2016: Current Peacekeeping Operations, http://tinyurl.com/44cgkku.

United Nations Conference on Trade and Development (UNCTAD) 2016: The staggering economic cost of occupation, 6. September, http://tinyurl.com/zuv3bm8.

UNRWA 2015: UNRWA in Figures as of 1 January 2015, http://tinyurl.com/grnf8bn.

Weizman, Eyal 2008: Sperrzonen. Israels Architektur der Besatzung, Hamburg.

Wimmen, Heiko 2015: Libanesischer Balanceakt am Abgrund, SWP-Aktuell 37, Berlin, April.

Weyland, Petra 2003: „Verhandlungsmasse". Die Situation der palästinensischen Flüchtlinge und die Bedeutung der Flüchtlingsfrage im Friedensprozess, in: Herz, Dietmar/Jetzlsperger, Christian/Ahlborn, Kai (Hg.): Der israelisch-palästinensische Konflikt, Wiesbaden, S. 169–193.

Witzthum, David 2008: Bilder, Blätter, Blogs, in: Jüdische Allgemeine, http://www.juedische-allgemeine.de/article/view/id/2816.

World Bank 2011a: Building the Palestinian State: April 13. http://tinyurl.com/3uw6976.

World Bank 2011b: Sustaining Achievements In Palestinian Institution-Building And Economic Growth, 10. September, http://tinyurl.com/jeojx2d.

World Bank 2016a: Economic Monitoring Report to the Ad Hoc Liaison Committee, 19. April, http://tinyurl.com/jnpurp6.

World Bank 2016b: Palestine's Economic Outlook Fall 2016, http://tinyurl.com/hy2xjrp.

Yaar/Hermann 2016a: The Peace Index, June 2016, http://tinyurl.
com/hpk6uhk.

Yaar/Hermann 2016b: The Peace Index – December 2016, http://
tinyurl.com/j3bxmjt.

Zanotti, Jim 2016: U. S. Foreign Aid to the Palestinians, Con-
gressional Research Service, RS22967, 18. März.

Zertal, Idith/Eldar, Akiva 2007: Die Herren des Landes. Israel
und die Siedlerbewegung seit 1967, München.

Zimmermann, Moshe 2010: Die Angst vor dem Frieden. Das israelische Dilemma, Berlin.